Desigualdades en un mundo postpandemia

DESIGUALDADES EN UN MUNDO POSTPANDEMIA
exploraciones sobre migraciones,
mercados de trabajo y género

. . . .

Jazmín García Gómez, Marisol Pérez Díaz y
Mirza Aguilar Pérez (coordinadoras)

Westphalia Press
An Imprint of the Policy Studies Organization
Washington, DC

El libro es producto del Seminario Permanente de Investigación: Temas selectos en Migración, Trabajo y Género de la Facultad de Ciencias Políticas y Sociales de la Benemérita Universidad Autónoma de Puebla

Esta obra fue dictaminada mediante el sistema de pares ciegos externos y autentificación antiplagio. El proceso de dictaminación transparentado puede consultarse:

Índice

Introducción

*Marisol Pérez Díaz, Mirza Aguilar Pérez y
Jazmín García Gómez*

Sin lugar a duda, la pandemia de COVID-19, como hecho disruptivo de inicios de este siglo, modificó a nivel local, regional e internacional las estructuras políticas, económicas, de organización social, cultural, etc., que organizaban la vida cotidiana de las personas. Tras esto, como afirma Alderete (2023), la comunidad internacional se ha dado a la tarea de entender el escenario post pandemia, sin que esto resulte fácil.

Como punto de partida nos encontramos con dos complicaciones. La primera, relacionada con la propia conceptualización del término pospandemia, que aún no es claro y que tiene varias connotaciones según la disciplina que lo use (Morales, 2023; Trapaga, 2024). La segunda, y que resulta más importante para este trabajo, es la enorme cantidad de retos que ha dejado la pandemia. Por estas razones, este libro tiene la intención de problematizar sobre los desafíos que surgen cuando se entrecruzan tres dimensiones: la laboral, la migratoria y la de género.

Según datos de la Organización Internacional del Trabajo (OIT, 2024), a poco más de cuatro años del inicio de la pandemia por COVID-19, la recuperación económica y social sigue presentando retos significativos para la comunidad internacional. Esto, pese a las tendencias favorables sobre el crecimiento del empleo y la sorprendente resiliencia de los mercados de trabajo. Dichas tendencias están relacionadas con el desempleo, la creación de puestos de trabajo, los salarios, la precariedad del empleo, la justicia social, las desigualdades de género, etarias, de calificación, de situación migratoria, etc.

Respecto al desempleo, la situación es contradictoria. Como refiere la OIT (2024), tras la pandemia se han observado datos alentadores en materia de decrecimiento del desempleo. No obstante, en 2023 se observó que más de 434 millones de personas presentaban una necesidad insatisfecha de empleo. Aunado a esto, la propia OIT prevé que para los próximos años uno de los principales retos a enfrentar será el incremento en las tasas de desempleo mundial, influido en gran medida por el déficit de puestos de trabajo en las economías avanzadas. Además, se ha empezado a observar la fragilidad del crecimiento del empleo, sobre todo en países que ya se encontraban en situaciones precarias antes de la pandemia.

El desempleo juvenil representa otro obstáculo clave para la mejora del mercado laboral (Castillo Fernández, et al., 2023). La brecha generada por la pandemia en este ámbito destaca la urgencia de intervenir con medidas de formación y desarrollo profesional. De igual forma, las tasas de informalidad laboral y pobreza seguirán siendo temáticas preocupantes para los próximos años. Por desgracia, afirman especialistas, no se prevé una mejora significativa en este ámbito, ya que se estima que alrededor del 58 % de la fuerza laboral mundial continuará empleada de manera informal (OIT, 2024).

Es así que el desempleo se convierte en uno de los diversos factores que promueve la migración en varias regiones del mundo. Por desgracia, la multiplicidad de variables, tales como la situación migratoria, la regulación o la porosidad de fronteras y el mercado laboral, complican la mediación y la comprensión de la migración en las diferentes regiones del mundo (Castillo Lobos, 2023; Saltos y Márquez, 2023). Si bien, hasta el momento estos problemas han sido esporádicos, la OIT advierte (2024, p. 12) que "no es descartable que estalle una nueva crisis financiera mundial", por lo que los datos revelan la necesidad urgente de implementar políticas efectivas para afrontar las cambiantes condiciones del mercado laboral.

Sumado a los desafíos que enfrenta el mercado laboral a nivel global, es necesario considerar las secuelas que dejó la pandemia de COVID-19, especialmente en las poblaciones en movilidad. En primer lugar, enfatizar que la crisis sanitaria tuvo un impacto significativo en las personas migrantes, quienes quedaron varadas debido a las restricciones de viaje y no pudieron regresar a sus países de origen o trasladarse a otros lugares (Álvarez Velasco, 2021; González, 2021). Esta situación se exacerbó, aunque demoró algún tiempo en hacerse visible, cuando las restricciones se hicieron a personas que se encontraban en condiciones de explotación o vulnerabilidad antes de la pandemia (ejemplo de ello fueron los regresos masivos de migrantes laborales regulares e irregulares de la India). En ese sentido, según datos de la Organización Internacional para las Migraciones (OIM), para mediados de julio de 2020 alrededor de 2.75 millones de migrantes internacionales se encontraban varados en todo el mundo (OIM, 2024), por lo que muchos cayeron en situaciones de irregularidad, enfrentando detenciones y posibles deportaciones (Di Nella, 2020; Willers, 2023).

Con la llegada de la pandemia se produjeron cambios significativos en los patrones de migración y movilidad global (Mezzandra y Neilson, 2024). Aunque muchos expertos anticiparon una caída drástica de los flujos migratorios y, por ende, de las remesas durante la crisis sanitaria, en realidad las remesas disminuyeron mucho menos de lo previsto y rápidamente mostraron una tendencia a la recuperación (Pintor, 2021; Soto Baqueiro, 2020). Este fenómeno evidenció la importancia contracíclica de las remesas: mientras otros indicadores económicos experimentaron descensos, estas transferencias monetarias se mantuvieron firmes y, en poco tiempo, volvieron a aumentar, lo que subraya su papel crucial para la estabilidad económica de las comunidades receptoras (OIM, 2024).

En los países de destino, la disminución sostenida en los niveles de migración y movilidad durante la pandemia también generó cambios profundos y de largo alcance. Las empresas, acostumbradas a mercados laborales altamente flexibles gracias a la disponibilidad de trabajadores migrantes, se enfrentaron a la necesidad de adaptarse a una oferta laboral más restringida. Esta situación llevó a una mayor inversión en alternativas como la subcontratación digital, en la que el trabajo se realiza de forma remota a un costo más bajo, y en procesos de automatización que reducen o eliminan la necesidad de mano de obra humana para ciertas tareas (Hierro, 2023).

Según la OIM (2024), aunque en los próximos años los niveles de demanda de trabajadores migrantes serán mayores que durante el pico de la pandemia, es probable que no alcancen los niveles previos a la crisis sanitaria, marcando así un cambio duradero en los patrones migratorios y en las dinámicas del mercado laboral global.

Durante la crisis por COVID-19, estos impactos en los mercados de trabajo fueron, en muchos casos, diferenciados por género, reflejando las desigualdades estructurales en la realidad internacional, así como las diferencias de poder vinculadas a factores temporales y geográficos presentes tanto en los mercados de trabajo como en la migración (Velasco, 2021; Weller, 2020). El caso de las trabajadoras domésticas migrantes es especialmente ilustrativo; estas mujeres, que desde hace décadas migran a través de corredores específicos, se vieron particularmente afectadas, ya que muchas quedaron atrapadas en los países donde trabajaban, enfrentando la pérdida de empleo, la falta de acceso a sistemas de salud y la precarización de sus condiciones de vida (Dutra, et al., 2022; Rico y Leiva, 2021). Esta situación exacerbó las desigualdades preexistentes y subrayó la necesidad de considerar las particularidades de género en el análisis de los impactos de la pandemia en las poblaciones migrantes (Martínez-Buján y Moré, 2021).

La perspectiva de género es esencial para el análisis sobre las migraciones internacionales y los mercados de trabajo, ya que las políticas de migración laboral no son neutras al género. Estas políticas suelen perpetuar las desigualdades experimentadas en los países de origen, incorporando sesgos sociales que impactan de manera diferenciada las oportunidades y los resultados de los trabajadores migrantes según su identidad de género (Blanco, 2023). Ejemplo de esto es la concesión de permisos de migración laboral, que tiende a basarse en niveles de habilidad profundamente marcados por estereotipos de género (OIM, 2024). Las mujeres que trabajan en ocupaciones tradicionalmente feminizadas, como la salud o la educación (por ejemplo: enfermeras o docentes), tienen menos probabilidades de obtener un permiso laboral en comparación con los hombres en ocupaciones dominadas por ellos; especialmente, cuando las políticas de migración definen los niveles de habilidad en función del salario, que a menudo es menor para las mujeres (Esguerra Muelle, 2021).

Las políticas de migración laboral suelen enfocarse en la adquisición de talento global en áreas como ciencia, tecnología, ingeniería y matemáticas, campos en los que los hombres están sobrerrepresentados. En ese sentido, las ocupaciones calificadas en las que predominan las mujeres son aquellas cargadas de estereotipos de género, en las que a menudo, las cualificaciones internacionales de las migrantes pueden no ser reconocidas (Pacheco Negreiros, 2023; Poblet, 2022). Esto resulta en que las mujeres opten por canales de migración de menor calificación, como los acuerdos bilaterales de trabajo y esquemas de migración laboral temporal, especialmente en el trabajo de cuidados (Sequera, 2020). Esta tendencia contribuye a la movilidad ocupacional descendente y a una mayor vulnerabilidad en sectores con bajos niveles de protección laboral. Además, en casos exacerbados, las trabajadoras migrantes suelen enfrentarse a restricciones en sus derechos sexuales y reproductivos, como la imposición de pruebas de embarazo por parte de algunas agencias de reclutamiento, lo que refleja una discriminación de género persistente.

La migración por motivos familiares también ha estado marcada por normas de género que refuerzan las desigualdades existentes. Tradicionalmente, las mujeres han asumido el papel de acompañantes de sus cónyuges migrantes, práctica que ha sido reforzada por las políticas de migración familiar, que las atan al estatus de su primer patrocinador migrante. Los requisitos restrictivos para la reunificación familiar, como las pruebas de idioma previas a la entrada, a menudo se convierten en barreras difíciles de superar debido a las desigualdades de género en los países de origen (Cárdenas, 2023). La falta de acceso a la educación, así como de recursos financieros para asistir a cursos de idiomas, afecta de manera desproporcionada a las mujeres, limitando sus posibilidades de reunificación familiar y perpetuando su posición de vulnerabilidad (Torre Cantalapiedra, 2021).

La importancia del enfoque de género también se extiende a las experiencias de las personas migrantes con identidades de género diversas, quienes enfrentan desafíos adicionales en el proceso de reunificación familiar. En muchos países, una comprensión binaria del género en relación con cónyuges y parejas excluye a aquellos cuya identidad no se ajusta a estos parámetros. Incluso, en países donde se reconocen las uniones del mismo sexo, la necesidad de presentar una certificación matrimonial o prueba de unión civil se convierte en un obstáculo insuperable para las personas migrantes provenientes de países donde el matrimonio igualitario no está legalizado, o donde las relaciones entre personas del mismo sexo son criminalizadas (El Mouali, 2021). Esto pone de manifiesto la necesidad de abordar las políticas migratorias, al igual que la movilidad humana en general, desde una perspectiva de género inclusiva, que reconozca y aborde las desigualdades estructurales que afectan a las personas migrantes.

La investigación sobre los mercados laborales para las mujeres migrantes en México después de la pandemia revela disparidades de género significativas. La crisis de COVID-19 afectó desproporcionadamente el empleo y la participación en el mercado laboral de las mujeres en comparación con los hombres, exacerbando las brechas de género existentes (Viollaz et al., 2023). Las mayores responsabilidades de cuidado infantil para las mujeres con hijos en edad escolar fueron un factor clave en esta disparidad (Viollaz et al., 2023; Borrajo & Valenciano, 2022). La pandemia generó un aumento en la población disponible para trabajar, observándose patrones diferenciados por género en la salida de empleos formales e informales (Escoto et al., 2021). A pesar de que la recuperación se dio en sectores feminizados, las mujeres experimentaron una reintegración más lenta en el mercado laboral (Borrajo & Valenciano, 2022).

El siglo XXI ha marcado un periodo de transformación sin precedentes donde la migración, el desempleo, la igualdad de género, los problemas de las minorías sociales y la discriminación racial y étnica han emergido como desafíos fundamentales para la sociedad contemporánea. Este libro, titulado *Desigualdades en un mundo postpandemia: exploraciones sobre migraciones, mercados de trabajo y género*, se adentra en este complejo panorama a través de una serie de capítulos que exploran aspectos cruciales de estas cuestiones en contextos diversos y a menudo interconectados.

El primer capítulo, cuya autoría es de Pedro Manuel Rodríguez Suárez, aborda las múltiples crisis contemporáneas de la Unión Europea (UE) a través del análisis de variables como migración, desempleo y género, situándolas en un marco de conflicto y desigualdad que desafía la estabilidad regional. A partir de la Teoría de los Complejos de Seguridad, explora cómo el flujo de migrantes y refugiados, especialmente de aquellos provenientes de contextos islámicos, se convierte en un foco de tensiones políticas y sociales, exacerbando la xenofobia y el fortalecimiento de los partidos de ultraderecha. Estas situaciones, que agravan los problemas de integración y convivencia, impactan de manera desproporcionada a minorías y grupos vulnerables; entre ellos, a la comunidad de la diversidad sexual y a la población migrante, quienes enfrentan crecientes restricciones y violaciones a sus derechos humanos en varios países miembros de la UE, especialmente en aquellos bajo gobiernos de ultraderecha. Además, el análisis de Rodríguez Suárez plantea que el desempleo y la inequidad de género incrementan las desigualdades estructurales en dicha región, afectando particularmente a las nuevas generaciones y a las mujeres, quienes enfrentan mayores dificultades para acceder a oportunidades laborales equitativas. Esta disparidad refuerza el ciclo de exclusión y vulnerabilidad para los grupos minoritarios, mientras que fomenta el euroescepticismo y el nacionalismo y debilita el proyecto integrador de la UE. Así, el autor sugiere que estos problemas no sólo reflejan una crisis de valores europeos, sino también una amenaza para la cohesión y la viabilidad del bloque en el siglo XXI, en un contexto global en el que la interdependencia y la cooperación internacional son fundamentales.

El segundo capítulo, escrito por Mónica Patricia Toledo González, examina la vulnerabilidad de los migrantes centroamericanos, particularmente de los hondureños, que atraviesan México en su intento por llegar a Estados Unidos, especialmente en el contexto de la pandemia de COVID-19. La autora explica cómo las políticas migratorias restrictivas y las percepciones sociales han intensificado la precariedad y la exposición a riesgos de estas personas, quienes enfrentan tanto violencia estructural como discriminación en su trayecto. Mediante metáforas sobre el desplazamiento y la enfermedad, Toledo González analiza la construcción de espacios de marginalización y de sufrimiento que afectan a los migrantes de manera física y psicológica. Además, puntualiza sobre cómo la pandemia agudizó el temor al contagio, al reforzar estigmas y miedos que alimentaron actos discriminatorios y violentos, exacerbando la condición de precariedad de los migrantes. El capítulo destaca que los migrantes, además de enfrentar la hostilidad del entorno, llevan consigo las marcas de su experiencia en sus cuerpos, lo que se interpreta como una encarnación de los tránsitos precarios. La vulnerabilidad inducida políticamente, al igual que la carencia de protección y redes de apoyo adecuada, afectan especialmente a los migrantes en situación irregular, exponiéndolos a abusos y limitando sus opciones de empleo y estabilidad. En términos de género, se observa que estas condiciones afectan de manera diferenciada a hombres y mujeres, las cuales no sólo deben enfrentar el peligro inherente al tránsito migratorio, sino también las dinámicas de exclusión y violencia que impone el sistema según sus características corporales.

Por su parte, Mónica Guadalupe Chávez Elorza y Luis Manuel Miramontes Cabrera examinan, en el tercer capítulo, las condiciones laborales de las trabajadoras inmigrantes en el sector de la salud en Estados Unidos entre 2017 y 2021, abordando temas de migración, trabajo y género. Las autoras destacan que la fuerza laboral en enfermería y en otras áreas de atención a la salud se caracteriza por una presencia mayoritaria de mujeres, quienes se enfrentan a la persistencia de brechas salariales y a la baja valoración de sus profesiones. Aunque las trabajadoras migrantes ocupan un lugar relevante en el sistema de salud estadounidense, enfrentan desafíos específicos, tales como la sobre-representación en roles de apoyo con menor remuneración, así como a la descualificación, que afecta principalmente a aquellas provenientes de México y Centroamérica. Dicho proceso, que se manifiesta cuando sus credenciales no son reconocidas en el país de destino, restringe su acceso a puestos de enfermería registrada y a oportunidades profesionales acordes con su formación. Este análisis contribuye a entender cómo las condiciones de género y migración impactan a las trabajadoras en la salud, mostrando que, a pesar de contar con experiencia y educación, muchas mujeres inmigrantes se ven obligadas a desempeñar roles de menor remuneración y reconocimiento. La situación se agrava por la persistente percepción de que los trabajos de cuidado son una extensión de las responsabilidades femeninas, y no necesariamente deben ser remunerados equitativamente. Los autores proponen una línea de investigación mixta para profundizar en el análisis cuantitativo sobre descualificación, así como en el análisis cualitativo sobre las trayectorias de estas trabajadoras, con el objetivo de comprender las barreras sistémicas que les impiden acceder a puestos en los que sus habilidades y experiencia sean plenamente reconocidas. Este enfoque permite analizar el impacto de las políticas laborales y migratorias sobre la equidad de género y el acceso a oportunidades profesionales justas para las trabajadoras inmigrantes en el sector de la salud en Estados Unidos.

En el cuarto capítulo, Cristina Cruz Carvajal y Adriana Sletza Ortega Ramírez analizan el papel de las mujeres poblanas migrantes como cuidadoras de la salud en un contexto transnacional, en el que se evidencian desigualdades de género y problemas estructurales en torno al trabajo de cuidados. A través de testimonios de mujeres migrantes poblanas en Estados Unidos, las autoras exploran cómo las labores de cuidado, profundamente ligadas a los roles tradicionales de género, recaen desproporcionadamente en las mujeres, quienes además enfrentan dobles o triples jornadas laborales. Dicho trabajo de cuidados, no remunerado y poco valorado, se realiza tanto en los lugares de origen como en el destino, destacando que sus familias dependen de ellas para el bienestar físico y emocional de sus miembros. La investigación enfatiza la persistencia de la feminización de los cuidados, además de la poca intervención del Estado para proporcionar acceso adecuado a servicios de salud para estas mujeres migrantes. El capítulo subraya la manera en que las mujeres migrantes continúan cumpliendo con su rol de cuidadoras a pesar de estar inmersas en entornos transnacionales. Dicho rol, basado en una división sexual del trabajo, genera condiciones de explotación que afectan su salud y bienestar, sin que existan políticas de apoyo adecuadas en sus lugares de destino o al retornar a México. La investigación llama a una mayor participación masculina en las labores de cuidado, mientras que propone un marco de políticas públicas que reconozca el cuidado como un derecho humano y un asunto de responsabilidad compartida. Este análisis no solo destaca el sacrificio personal de las mujeres migrantes en sus roles de cuidado, sino que también visibiliza la necesidad urgente de crear mecanismos de apoyo institucional que igualen las responsabilidades y promuevan la equidad de género en contextos migratorios.

El quinto capítulo es de Daniel Vega Macías, quien explora el perfil socio-demográfico de mujeres guatemaltecas y venezolanas que, sin experiencia migratoria previa, cruzan por primera vez la frontera sur de México en busca de trabajo, ya sea en el país o con miras a continuar hacia Estados Unidos. La investigación destaca que factores como el nivel educativo bajo, la falta de experiencia laboral y la situación migratoria irregular exponen a estas mujeres a una mayor probabilidad de precariedad laboral. Subraya que las migrantes guatemaltecas, jóvenes y muchas veces indígenas, tienden a viajar solas para sostener en su mayoría a sus familias, lo cual las convierte en un sector particularmente vulnerable. Por otro lado, aunque las venezolanas suelen contar con un perfil educativo ligeramente superior y con redes familiares más estables, enfrentan dificultades similares al intentar integrarse al mercado laboral de Estados Unidos. Este análisis resulta fundamental para los temas de migración, trabajo y género, ya que pone de relieve las limitaciones estructurales y de capital humano que condicionan su futuro laboral. La feminización de la migración se vincula aquí con una cadena de vulnerabilidades, en la cual las mujeres, al carecer de apoyo institucional y enfrentar barreras de género, quedan relegadas a sectores informales y poco seguros, donde la explotación es frecuente y las oportunidades de crecimiento escasas. Además, el estudio sugiere que, en un contexto de políticas migratorias restrictivas en México y en Estados Unidos, el perfil sociodemográfico inicial puede predisponer a estas mujeres a condiciones laborales desfavorables, a menos que logren desarrollar redes de apoyo y habilidades que les permitan sortear los desafíos de su inserción laboral.

Finalmente, el sexto capítulo, escrito por Raquel Isamara León de la Rosa y Claudia M. Prado-Meza, examina el impacto de la pandemia de COVID-19 en las condiciones laborales y de cuidado de las mujeres en Colima y Puebla, desde una perspectiva feminista e interseccional. Las autoras analizan la exacerbación de las desigualdades de género a partir de la crisis sanitaria, especialmente en las áreas de trabajo no remunerado y de responsabilidades de cuidado, con un incremento en la carga laboral doméstica que recayó desproporcionadamente sobre las mujeres. A partir de datos del Instituto Nacional de Estadística y Geografía (INEGI) y otros estudios nacionales, la investigación muestra que las mujeres de ambos estados enfrentaron mayores tasas de desempleo, adaptaciones al trabajo remoto y, en Puebla, altos índices de violencia de género. Adicionalmente, el concepto de cadenas globales de cuidado resalta en la medida en que el trabajo de cuidado se externaliza, frecuentemente a mujeres migrantes, generando así una dinámica de explotación y desigualdad de género. Este capítulo enfatiza que las condiciones de precariedad laboral y falta de apoyo institucional en los ámbitos de cuidado han impulsado el desplazamiento de las mujeres hacia trabajos informales o migraciones internas en México. La pandemia expuso la necesidad de una corresponsabilidad en el cuidado, donde Estado, mercado, sociedad civil y familia compartan equitativamente estas labores (Soto, 2020); sin embargo, la falta de políticas efectivas perpetúa un modelo de cuidado basado en roles de género, que desvincula al Estado y a la iniciativa privada de sus responsabilidades. La investigación concluye que esta desigualdad, agravada durante la pandemia, destaca la urgencia de políticas de equidad en el mercado laboral y de protección para las mujeres trabajadoras, especialmente en situaciones de emergencia, para así mitigar las cargas de cuidado que las desplazan del trabajo formal.

Los capítulos que conforman este libro proporcionan un análisis profundo de las complejas interacciones entre migración, empleo y género en el siglo XXI. Cada capítulo, desde distintas realidades y contextos, explora de qué maneras las dinámicas migratorias actuales reflejan y exacerban las desigualdades en el acceso a oportunidades laborales, la equidad de género y las condiciones de vida de los migrantes. Las experiencias de las mujeres migrantes ocupan un lugar central, pues aunque representan una parte significativa de la fuerza laboral migrante, sus trayectorias están marcadas por condiciones de vulnerabilidad y discriminación. Este enfoque hace visible la feminización de las migraciones y los desafíos laborales y sociales que las mujeres enfrentan, desde trabajos de cuidado hasta la precarización en sectores no regulados, resaltando las barreras que impiden su plena integración y desarrollo en los países de destino.

Asimismo, los capítulos de este libro reflejan el impacto de eventos globales, como la pandemia de COVID-19, que no sólo transformaron el mercado laboral, sino que también intensificaron las cargas de cuidado no remunerado y la precarización para las mujeres migrantes y trabajadoras. Este fenómeno llevó a una mayor exclusión económica y profesional de las mujeres, reforzando los roles de género y afectando negativamente su salud y bienestar. El análisis expuesto a lo largo de los capítulos muestra que las políticas migratorias y de empleo a menudo no contemplan las necesidades específicas de las mujeres, creando una desconexión entre las demandas reales de las trabajadoras migrantes y las normativas que deberían protegerlas y promover su integración. Este libro ofrece, por lo tanto, un llamado urgente para reconfigurar el marco político y social hacia un enfoque de equidad y corresponsabilidad en las labores de cuidado y en la inclusión económica de las mujeres migrantes.

En su conjunto, *Desigualdades en un mundo postpandemia: exploraciones sobre migraciones, mercados de trabajo y género* invita a la reflexión y al diálogo sobre la necesidad de abordar las migraciones con una perspectiva de género y derechos humanos, reconociendo que los movimientos migratorios actuales son el resultado de profundas inequidades estructurales y crisis socioeconómicas. Las autoras y autores presentan aquí un conjunto de propuestas y debates necesarios para repensar las políticas públicas y laborales, con enfoques que favorezcan la equidad de género y el respeto a los derechos humanos de los migrantes. Esta obra, al ofrecer una visión tanto local como global, es una valiosa contribución para quienes buscan entender y transformar las realidades migratorias actuales y sus implicaciones para la igualdad de género y la justicia social en un mundo en constante transformación.

Bibliografía

Alderete, A. (2023). "Del texto escrito al presente pospandemia: nada volverá a ser como antes". *El cardo*, Universidad Nacional de Entre Ríos, https://portal.amelica.org/ameli/journal/567/5674121007/html/

Álvarez Velasco, S. (2021). Mobility, control, and the pandemic across the Americas: First findings of a transnational collective project. *Journal of Latin American Geography*, 20(1), 11-48.

Blanco, A. J. C., & Castillo, A. S. R. (2023). Mujeres y migración: Perspectiva de género en las políticas migratorias del triángulo norte de Centroamérica: Women and migration: gender perspective in the migration policies of the northern triangle of Central America. *Revista Científica de Estudios Sociales* (RCES), 2(2), 12-29.

Borrajo, L. C., & Valenciano, M. S. (2022). Labor force participation during COVID-19 economic crisis in Mexico: care work demands and differential recovery between men and women. *Población y Salud En*

Mesoamérica, 20(1). https://doi.org/10.15517/psm.v20i1.48031

Cárdenas, M. E., Grau-Rengifo, M. O., Alamo Anich, N., Bernales Silva, M., López Contreras, E., Donoso Vargas, B. & Grau-Rengifo, M. F. (2023). Dificultades y vulnerabilidades de la niñez migrante durante la pandemia por covid-19. *Revista Latinoamericana de Ciencias Sociales, Niñez y Juventud*, 21(3), 148-168.

Castillo, L. (2023). De dulce y agraz: transformaciones y resignificaciones de la precariedad de las madres migrantes en Chile. *Cuaderno de Trabajo Social*, 14(20), 2-28. Santiago de Chile: Ediciones UTEM. https://doi.org/10.58560/cts.v01.n20.023.001

Castillo Fernández, D., Senén González, C. y Aravena Carrasco, A. (Comp.). (2023). *La agenda laboral en el contexto de la pandemia CO-VID-19 en América Latina y el Caribe*. CLACSO.

Castro, D. (2024) Segmentación de los mercados laborales y migración de mujeres: aportes desde la economía heterodoxa. *Ola Financiera*, 17(48), 1-18.

Di Nella, D., y Ibáñez, V. (2020). Causas y consecuencias de la Pandemia COVID-19. De la inmovilidad de la humanidad a la circulación desconcentrada de personas. *REDEA. DERECHOS EN ACCIÓN*, Año 5, Nº 15.

Dutra, D., Pérez, M. A., y Magliano, M. J. (2022). Mujeres migrantes y trabajo doméstico. Experiencias migratorias y de resistencia. *REMHU: Revista Interdisciplinar da Mobilidade Humana*, 30(65), 19-31.

El Mouali, F. (2021). Inmigración del Sur global: Relatos silenciados de mujeres migrantes en España. *Geopolítica* (s), 12(1), 11-21.

Escoto Castillo, A. R., Padrón Innamorato, M., & Román Reyes, R. P. (2021). La complejidad de la crisis por Covid-19 y la fragilidad del mercado de trabajo mexicano. Las brechas entre hombres y mujeres en la ocupación, la desocupación y la disponibilidad para trabajar. *Revista Mexicana De Ciencias Políticas Y Sociales*, 66(242). https://doi.org/10.22201/fcpys.2448492xe.2021.242.79055

Esguerra Muelle, C. (2021). Tramas transnacionales del cuidado: una "lucha con los ángeles", teoría y metáforas sobre cuidado y migración.

Antípoda. *Revista de Antropología y Arqueología*, (43), 121-142.

Gamboa Bernal, G. A. (2020) Pospandemia: triple agenda para una nueva realidad. *Pers Bioet*; 24(2):127-135.

González, D. A. L. y Sanclemente, E. H. (2021). Pandemia y crisis del sujeto neoliberal: Algunas reflexiones sobre la emergencia del Covid-19. *Middle Atlantic Review of Latin American Studies*, 4(3).

Hierro, F. J. H. (2023). La digitalización como elemento de exclusión del mercado de trabajo: políticas de protección. *Cuadernos de Gobierno y Administración Pública*, 10(1).

Martínez-Buján, R. y Moré, P. (2021). Migraciones, trabajo de cuidados y riesgos sociales: las contradicciones del bienestar en el contexto de la COVID-19. *Migraciones*, (53), 1-26.

McAuliffe, M. y Oucho, L. A. (2024) *World Migration Report*, Organización Internacional para las Migraciones (OIM), Ginebra.

Mezzadra, S. y Neilson, B. (2024). The capitalist virus. *Politics*, 44(2), 188-202. https://doi.org/10.1177/02633957221131754

Morales, A. H. y Pirzkall, H. C. P. (2023). Perspectivas, ámbitos y desafíos en torno a la Agenda 2030 en el contexto pospandemia. *Comillas Journal of International Relations*, (28), IV-V.

OIT. (2024). *Perspectivas Sociales y del Empleo en el Mundo: Tendencias 2024*, Ginebra.

Pacheco Negreiros, P. (2023). Los Derechos laborales de las mujeres venezolanas migrantes frente a la discriminación múltiple. *Derecho global. Estudios sobre derecho y justicia*, 9(25), 211-221.

Pintor-Sandoval, R. y Bojórquez-Luque, J. (2021). El impacto económico de las remesas en el ingreso de las familias mexicanas en la encrucijada del COVID-19. *Huellas de la Migración*, 5(10), 9-30.

Poblet, G. (2022). "Pagar el seguro a la chacha": Informalidad y protección social en mujeres migrantes trabajadoras del hogar. *Migraciones*. Publicación del Instituto Universitario de Estudios sobre Migraciones, (55), 1-19.

Rico, M. N. y Leiva-Gómez, S. (2021). Trabajo doméstico migrante en Chile y el COVID-19. Cuidadoras bolivianas en el descampado. *Migraciones*. Publicación del Instituto Universitario de Estudios sobre Migraciones, (53), 227-255.

Saltos, C. D. G. y Márquez, J. J. A. (2023). La movilidad humana en tiempos de pandemia. *Revista Latinoamericana de Derechos Humanos*, 34(1).

Sequera, M. M. F. (2020). Mujeres migrantes venezolanas: Entre políticas vetustas y cadenas de cuidados. Encuentros. *Revista de Ciencias Humanas, Teoría Social y Pensamiento Crítico*, (12), 75-90.

Soto Baquero, F. (2020) Remesas internacionales y ruralidad en América Latina y el Caribe en tiempos de la Covid-19, Lima, IEP, Documento de Trabajo, 277. *Estudios Sobre Desarrollo.*

Soto, I. P., Godoy, D. P. y Valderrama, C. G. (2020). Infancia migrante y pandemia en Chile: inquietudes y desafíos. *Sociedad e Infancia*, 4, 259-262.

Torre Cantalapiedra, E. (2021). Mujeres migrantes en tránsito por México. La perspectiva cuantitativa y de género. *La ventana. Revista de estudios de género*, 6(54), 209-239.

Trapaga, I. (2024). Empresariado inmigrante latinoamericano en Tijuana: sinergias fronterizas en cinco estudios de caso. *Frontera norte*, 36.

Velasco, J. (2021). Los impactos de la pandemia de la COVID-19 en los mercados laborales de América Latina. *Compendium: Cuadernos de Economía y Administración*, 8(2), 99-120.

Viollaz, M., Salazar-Saenz, M., Flabbi, L., Bustelo, M. y Bosch, M. (2023). The COVID-19 pandemic in Latin American and Caribbean countries: Gender differentials in labor market dynamics. *IZA Journal of Development and Migration*, 14(1).

Weller, J. (2020). *La pandemia del COVID-19 y su efecto en las tendencias de los mercados laborales*, Documentos de Proyectos (LC/TS.2020/67), Santiago, Comisión Económica para América Latina y el Caribe (CEPAL).

Willers, S. (2023). "They don't care about people; they only care about the money": the effects of border enforcement, commodification and migration industries on the mobility of migrants in transit through Mexico. *Frontiers in Sociology*, 8, 1113027.

Capítulo 1

Migración, minorías sociales y efectos de la pandemia por Covid-19 en los miembros de Unión Europea

Pedro Manuel Rodríguez Suárez

Resumen

El presente capítulo tiene como objetivo explicar las problemáticas que enfrenta la Unión Europea (UE), en relación con la crisis de migrantes y de refugiados, y cómo estas problemáticas han cuestionado la viabilidad de la integración regional. Entre las problemáticas más evidentes destacan aquellas que enfrentan las minorías racializadas y las disidencias sexuales, como son el desempleo, la discriminación racial y étnica, y la exclusión social. Se alude a dichas problemáticas aunadas a otras que enfrenta actualmente la UE, tales como: la guerra entre Rusia y Ucrania, el euroescepticismo, los gobiernos de ultraderecha que presiden actualmente en algunos miembros. La crisis migratoria y de refugiados, que inició en el 2015, se intensificó con la pandemia de Covid-19 y continua hasta nuestros días, ha propiciado diferentes fenómenos, tales como el surgimiento de las fuerzas políticas de ultraderecha, el Brexit, la islamofobia, el ultranacionalismo y el enorme rechazo de la opinión pública europea hacia los migrantes y los refugiados de países intracomunitarios y extracomunitarios.

Palabras clave: Unión Europea, migración y refugio político, desempleo, discriminación, integración.

Introducción

Para un número muy considerable de europeístas, una de las variables que ha generado gran inestabilidad política en la Unión Europea (UE) con respecto a la integración, ha sido la crisis migratoria y de refugiados políticos, que inició en el 2015, se potencializó con la Covid-19 y que continua hasta nuestros días. Dicha crisis ha propiciado diferentes fenómenos como la falta de oportunidades laborales, tanto para los europeos comunitarios como para las personas migrantes; cuestionando la viabilidad de la integración. Lo anterior, a su vez, ha permitido el incremento de las desigualdades sociales, económicas, culturales y políticas, así como, la violación de derechos humanos de las personas migrantes y refugiadas, especialmente de minorías racializadas provenientes tanto del mundo extracomunitario (musulmanes, africanos, latinoamericanos, etc.), como del intercomunitario (personas provenientes de algunos miembros de la UE, particularmente de Polonia y de Hungría) y de disidencias sexuales.

Las violaciones a los derechos humanos hacia las poblaciones migrantes y refugiadas y, hacia los grupos sociales minoritarios no se manifiestan de manera similar en todos los miembros de la UE. Los casos más graves tienen efecto en los miembros que actualmente son gobernados por regímenes de ultraderecha, particularmente Italia, Hungría y, anteriormente, Polonia[1]. Dichos gobiernos coinciden en su extremo rechazo a la migración y al ingreso de refugiados políticos.

Los regímenes políticos de ultraderecha en Europa se caracterizan por su ultranacionalismo y su euroescepticismo, que se materializan con la búsqueda de un enemigo externo (personas migrantes y refugiadas). Por lo anterior, los regímenes de ultraderecha en Europa no aceptan las diferencias raciales o multiculturales ya que, desde su perspectiva, los valores y principios occidentales de Europa se encuentran en peligro debido a la "invasión silenciosa" de los migrantes y de los refugiados políticos. En ese sentido, la discriminación a estos grupos, incluso cuando algunos son residentes y/o ciudadanos de Estados miembros de la UE, se debe en gran medida a factores como el euroescepticismo y la xenofobia presentes en prácticamente todos los miembros de dicha organización, pero más notorios en las ultraderechas.

Este capítulo se desarrolla con base a una investigación de tipo cualitativa que busca explicar las problemáticas que enfrenta esta entidad, en relación con la crisis de migrantes y refugiados, y cómo estas problemáticas

---

1   Polonia fue gobernada por más de diez años por el partido político de ultraderecha Ley y Justicia (PIS), Hungría por el partido político de ultraderecha Unión Cívica Húngara (FIDEZS) e Italia por el partido político de ultraderecha Hermanos de Italia.

han cuestionado la viabilidad de la integración regional. La hipótesis que se utiliza en este capítulo propone que las sociedades europeas se sienten amenazadas por los flujos migratorios y de refugiados (extra e intracomunitarios), debido a que su seguridad y estabilidad política depende de su integración. De ahí que, desde finales de 2015, se ha observado el aumento de las medidas restrictivas a la movilidad, mismas que se exacerbaron con la Covid-19. Dicho lo anterior, este capítulo está compuesto por tres apartados y una conclusión. El primer apartado, plantea cómo la crisis de migrantes y refugiados ha puesto en duda la viabilidad de la integración, sobre todo al cuestionar algunas políticas permisivas puestas en marcha por miembros de la UE. El segundo apartado, cuestiona cómo un sector importante de la población europea está en desacuerdo con la entrada de población migrante y refugiada política, por lo que ha optado por sumarse a políticas de ultraderecha, abiertamente antimigrantes, además de reproducir prácticas discriminatorias y xenófobas. El tercer apartado, esboza cómo la opinión pública europea ve con sospecha a la migración y al refugio, y cómo ha construido un discurso de rechazo a partir del cual se ve al migrante o refugiado como causante de la pérdida de empleos.

¿Integración en Jaque?: La crisis de migrantes y refugiados políticos en la Unión Europea

La crisis migratoria y de refugiados es considerada como la más severa que ha enfrentado Europa después de la II Guerra Mundial, debido a los millones de migrantes y de refugiados políticos que han ingresado al Viejo Continente (Parzymies, 2017).

Para explicar las problemáticas estructurales que se han dado a partir de la crisis migratoria y de refugio, este capítulo se fundamenta en la teoría de los complejos de seguridad (Buzan y Waever, 2013), que toma en consideración las variables que pueden crear inestabilidad en un régimen político, económico, social e inclusive cultural, en este caso la UE. La teoría de los complejos de seguridad se sustenta en la obra *People States and Fear: an agenda for international security in the post Cold War era* (Buzan, 2007), así como en el libro *Security: a New Framework for Analysis* (Buzan et al., 1997). De acuerdo con estos textos, en los complejos de seguridad, los actores desarrollan una identidad colectiva y se identifican como interdependientes; por lo tanto, establecen una integración regional en aras de contrarrestar las amenazas y los retos que pueden afectar la estabilidad política y la seguridad de una región o de un continente.

Ejemplo de esto, es que la UE, de cara dos sucesos recientes la pandemia por Covid 19 y la guerra entre Ucrania y Rusia, ha emprendido acciones colectivas. En el caso de la Covid-19, en términos económicos, la pandemia provocó una caída del PIB de aproximadamente un 11,7% en la UE, siendo España el miembro más afectado, con la caída de su PIB de 18,5%, seguido por Hungría (14 ,5%,), Portugal (13,9%), (Francia 13,8%) y Alemania (10,1 %). Aunado a eso, la economía de la UE se contrajo en un 6, 1% en 2020. Los efectos más negativos se reflejaron en la pérdida de empleo, siendo España el país más afectado con aproximadamente 610.000 empleos perdidos en un año. El segundo miembro más afectado por la pérdida de empleo fue Alemania y el tercero Italia (CIOBID: 2021).

En relación con la guerra entre Ucrania y Rusia, la UE impuso sanciones económicas a Rusia. Aunado a esto, la UE promovió políticas comunitarias para combatir el desempleo, la discriminación y acoger a miles de refugiados políticos (no solo de Ucrania, sino también del mundo musulmán). Sobre este último punto, las políticas han resultado paradójicas, al observarse que las posturas de los países oscilan entre la acogida y el rechazo, dependiendo el país de la comunidad en donde se materialicen y el lugar de procedencia de los migrantes y refugiados políticos.

Los migrantes y los refugiados políticos que buscan una mejor calidad de vida en Europa provienen de dos realidades que se caracterizan por ser:

1. Estados fallidos o países en donde hay conflictos bélicos (principalmente, guerras civiles). Estos Estados a su vez se caracterizan por el poco o nulo respeto hacia los derechos humanos y al Estado de derecho; altas tazas de desempleo; así como, serias violaciones a los derechos humanos, específicamente, hacia ciertas minorías. Europa recibe migrantes de Estados fallidos tales como: Yemen, Siria, Irak, Somalia, Sudán del Sur, República Democrática del Congo, República Centroafricana, Afganistán, Zimbabue, Líbano y Tayikistán (The Found for Peace Report: 2020).

2. Países con elevadas tazas de desigualdad económica y salarial. La UE recibe personas de países de África, Medio Oriente, los Balcanes Occidentales, así como los Estados postsoviéticos (Rusia, Ucrania, Bielorrusia y Moldavia). Además, la UE recibe migración no documentada de otras partes del mundo, como América Latina y Asia, aunque en mucho menor proporción que los migrantes que llegan de regiones cercanas.

3. Países con gobiernos autoritarios, autocracias o plutocracias (como es el caso de Rusia, Bielorrusia y Georgia). De estos países, una cantidad muy considerable de académicos, investigadores, opositores políticos, activistas, sacerdotes ortodoxos, periodistas y miembros de la comunidad LGBTTTIQI+, se han visto forzados a emigrar y, en el mejor de los casos, a solicitar asilo político en algún país europeo, o bien, en otros países del mundo occidental, como Estados Unidos, Argentina, Canadá, etc. Por ejemplo, en el 2023, la periodista rusa Maria Ponomarenko fue condena a seis años de cárcel por hablar en televisión en contra de la guerra que mantiene Rusia en Ucrania. Asimismo, más de veinte mil rusos han sido detenidos por manifestarse en contra de la guerra con Ucrania.

Actualmente, según datos de la Comisión Europea, en la UE viven más de 43 millones de migrantes, lo que equivale al ocho por ciento del total de su población. En su mayoría, dichos migrantes provienen del mundo musulmán o islámico, de países como Siria, Afganistán, Iraq, Turquía, Irán, Pakistán y Bangladesh. Por su parte, Marruecos, Senegal, Costa de Marfil, Guinea, Mali, Argelia, Túnez, Nigeria, República del Congo, Sudán y Eritrea son los principales países expulsores de África. Por su parte, los países pertenecientes a los Balcanes Occidentales también se han convertido en países expulsores de migrantes hacia la UE. En relación con los Estados postsoviéticos, los migrantes llegan a Europa desde Rusia, Bielorrusia y Ucrania, así como desde otras repúblicas post soviéticas de Asia Central.

Los Estados postsoviéticos que emergieron después de la caída del socialismo real en 1991, en su gran mayoría se caracterizan por ser democracias híbridas, plutocracias o vetocracias, en donde existen serias violaciones a los derechos humanos, así como una severa represión hacia la oposición política, la opinión pública y la participación de la sociedad civil. En adición a lo anterior, una cantidad muy considerable de miembros de la comunidad LGBTTTIQI+ son perseguidos, torturados e inclusive pierden sus vidas por tener una orientación sexual diferente. Asimismo, en una gran parte de las exrepúblicas soviéticas se elimina con la fuerza del Estado a todo tipo de oposición política que pueda amenazar el *status quo* de las autocracias y de las élites políticas y económicas[2].

Ucrania, tras el conflicto bélico con Rusia, se ha convertido en el princi-

---

2   De acuerdo con el *World Inequality Database*, los oligarcas rusos concentran el doce por ciento de la economía rusa (Grasso D., Montse H. y Galán J., 2022).

pal expulsor de migrantes y refugiados políticos hacia Europa Occidental. Entre febrero de 2022 y junio de 2024, se ha registrado el ingreso de seis millones de refugiados ucranianos al territorio de la UE (Migration Data Portal, 2024). Según algunas fuentes de información oficiales, Polonia es uno de los países miembros que más refugiados ucranianos ha recibido por razones humanitarias (alrededor de 1 207 650) (ver Tabla 1). Asimismo, otros miembros de la UE, tales como Alemania, Francia, Italia y Hungría han recibido una cantidad bastante considerable de refugiados ucranianos. Este fenómeno ha causado inestabilidad política, social y cultural en las sociedades europeas receptoras. Cabe decir que el conflicto bélico entre Rusia y Ucrania ha causado una guerra silenciosa y no declarada entre Polonia y Bielorrusia, país que auspicia la entrada de migrantes africanos a su territorio para usarlos como armamento humanitario y así generar inestabilidad política y social en Polonia (Wojcik, N., 2025).

Tabla 1. Número de refugiados políticos ucranianos que arribaron a países miembros de la UE, febrero 2022-febrero 2024

Países	Fecha de ingreso	Refugiados políticos ucranianos registrados que viven actualmente en países miembros de la UE	Solicitantes ucranianos de la condición de refugiado políticos en países miembros de la UE
Polonia	15 / 02 / 2023	956 635	1 640 510
Alemania	03 / 02 / 2024	1 139 690	1 053 050
República Checa	31 / 01 / 2024	381 400	589 285
España	25 / 01 / 2024	192 405	198 220
Italia	19 / 01 / 2024	168 840	189 450
Bulgaria	14 / 02 / 2024	67 770	177 080
Rumania	05 / 02 / 2024	78 745	157 220
Países Bajos	31 / 01 / 2024	149 015	146 715
Eslovaquia	04 / 02 / 2024	115 875	137 755
Austria	31 / 01 / 2024	84 135	111 105
Irlanda	28 / 12 / 2024	104 315	104 315
Francia	31 / 12 / 2023	69 670	101 090

Fuente: Elaboración propia con datos de Statista, 2024.

Lo anterior, ha avivado el cuestionamiento de si la integración se encuentra en Jaque. Sobre todo, porque la opinión pública europea, a la luz de la crisis migratoria y de refugiados políticos ha resultado negativa desde la Covid-19 y, posteriormente con la guerra entre Ucrania y Rusia. Al respecto, el 70 por ciento de la población de la UE se manifiesta en contra de la migración y más del 40 por ciento está a favor de levantar muros en las fronteras del este, en aras de contrarrestar el ingreso de migrantes (ARTE Europa Semanal, 2024). Cabe subrayar que el nivel de dicha oposición varía en cada miembro de dicha organización, así como su nivel de intensidad.

Desde la perspectiva de la opinión pública, Europa está saturada de migrantes y de refugiados políticos, y no tiene la capacidad humana, económica y política para recibir a más personas. El sector más radical de la opinión pública europea, así como los partidos políticos de ultraderecha, presionan a la UE para financiar con fondos comunitarios la construcción de muros y mallas en sus fronteras porosas. A nivel gubernamental, el miembro de la UE más renuente a recibir migrantes y refugiados políticos es Hungría, quien responsabiliza a Bruselas de la crisis de migración y de refugiados políticos. En palabras del Ministro del Interior húngaro Sándor Pintér, "si la UE continúa recibiendo migrantes y refugiados políticos los subirán en autobuses y los enviarán a Bruselas y los dejarán en las oficinas de Ursula von der Leyen, o en las oficinas de la Presidenta de la Comisión Europea" (Del Hoyo, 2024).

Una parte muy considerable de la opinión pública europea asocia los problemas que enfrentan sus sociedades con la migración y los refugiados políticos que han ingresado o desean ingresar a Europa. De acuerdo con su punto de vista, los migrantes son los responsables del desempleo, el terrorismo, el abuso de la seguridad social, el poco crecimiento económico, la pérdida de sus empleos, así como de las pocas posibilidades que tienen las nuevas generaciones de jóvenes europeos para conseguir un empleo.

Otro factor muy importante que expresa la opinión pública europea en torno al rechazo hacia los migrantes es que, de acuerdo a un porcentaje importante de la población, existe una amenaza hacia los valores y principios europeos debido a la migración y los refugiados políticos que llegan a Europa provenientes de países no occidentales (Basset, 2024). En gran medida este fenómeno se debe a cuestiones racistas y xenófobas, latentes en gran parte de los miembros de la UE. Esta problemática se puede observar cotidianamente en las redes sociales, medios de comunicación, así como en los discursos políticos de los partidos políticos tradicionales, lo que ha creado fenómenos sociales conocidos como la islamofobia[3].

Desde la perspectiva de los inconformes, los partidos políticos tradicionales y la UE han fracasado en controlar la migración y el arribo masivo de refugiados políticos. Por lo tanto, se han convertido en votantes idóneos para los partidos políticos de ultraderecha y se pronuncian por eliminar el Acuerdo de *Schengen*[4], que es considerado como uno de los pilares más importantes de la integración europea. Es de destacar que, en Italia, Francia, Alemania y los Países Bajos, los partidos políticos de ultraderecha lograron ubicarse entre las fuerzas políticas más importantes tanto en sus países como al interior del Parlamento Europeo (EFE, 2024). Desde la perspectiva de la opinión pública europea más radical, Europa está bajo amenaza y se encuentra en peligro de extinción debido a su crisis demográfica y a la migración.

Por lo anterior, discursos antimigrantes han sido recurrentes y polémicos en los últimos años. Desde el discurso antimigrante, la migración (no documentada y documentada) se ha convertido en un problema serio para países miembros de la UE como Alemania, España, Francia, Grecia e Italia, así como, para otros que no son miembros de la UE, tales como el Reino Unido, Noruega e Islandia. De hecho, el Reino Unido se ha convertido en el país de destino preferido por los migrantes (provenientes del mundo extracomunitario y del intercomunitario) y por los refugiados políticos (ver Gráfica 1).

---

3   La islamofobia es un sentimiento de rechazo o fobia que existe de la opinión pública europea hacia los migrantes y los refugiados políticos que provienen del mundo musulmán o islámico. Este fenómeno se reproduce debido al color de piel, las diferencias culturales y religiosas y al terrorismo. Un número muy considerable de la opinión pública europea asocia los ataques terroristas que ha sufrido Europa con las culturas islámicas o musulmanas (Benítez, 2024).

4   El Acuerdo de *Schengen* elimina los controles fronterizos entre los miembros de la UE. Los países miembros de la UE que no forman parte de dicho acuerdo son: Irlanda, Rumanía, Bulgaria y Chipre.

Gráfica 1. País de origen de migración comunitaria hacia el Reino Unido, 2022

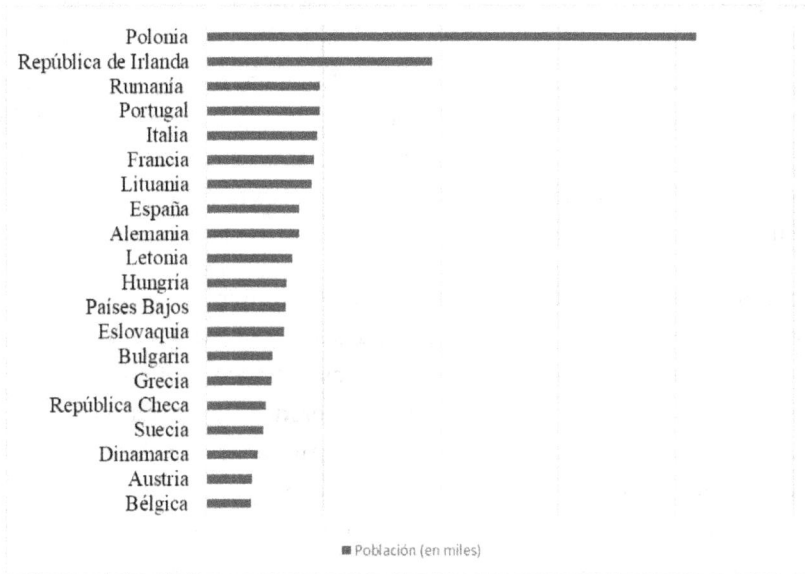

Fuente: Elaboración propia con datos de BBC News (2022).

Discriminación y xenofobia hacia migrantes y refugiados políticos en la Unión Europea

La migración documentada y no documentada en Europa es un fenómeno heterogéneo que ocurre de manera intercomunitaria y extracomunitaria. La migración intercomunitaria se genera desde los países miembros de la UE con rentas medianas o bajas, o de la periferia, tales como Polonia, Hungría, Croacia, la República Checa, la República Eslovaca, Estonia, Eslovenia, Lituania y Letonia, Portugal, Grecia, Bulgaria y Rumania. Resulta importante mencionar que, aunque estos países no son pobres y algunas de estas economías figuran entre las economías emergentes más importantes del mundo, aún existe una brecha económica y salarial considerable con las economías del centro de Europa, entre las que figuran Suecia, Noruega, Dinamarca, Finlandia, Alemania, Austria, Francia, Bélgica, Reino Unido, Italia, España, los Países Bajos y Luxemburgo.

Por citar un ejemplo, se calcula que después de que Polonia ingresara a la UE, más de 800 mil polacos han emigrado hacia el Reino Unido, Gran Bretaña e Irlanda del Norte, convirtiéndolos en la primera minoría étnica que vive en las Islas Británicas. Aunado a lo anterior, más de 200 mil polacos han emigrado a la República de Irlanda, y otros 200 mil más a Noruega. Asimismo, miles de personas de los países de Europa del Este que ahora forman parte de la UE, tales como Hungría, República Checa, República Eslovaca, Estonia, Letonia, Lituania, Bulgaria, Rumania y Croacia, así como de Portugal y Grecia, han decidido dejar sus países de origen para emigrar principalmente al Reino Unido, Alemania y Francia. La explicación en relación con este fenómeno migratorio es la búsqueda de una mejor calidad de vida y de mejores oportunidades laborales.

Lo anterior evidencia que, los migrantes intracomunitarios también sufren discriminación en los países receptores, aunque de una manera diferente en comparación con los migrantes extracomunitarios que son discriminados por su fenotipo. Al ser considerados "europeos", la opinión pública de los países receptores no siente amenazados los valores y las tradiciones de Europa, pero considera que generan otro tipo de problemáticas, tales como la distribución de derechos (seguridad social, educación) y el desempleo de la población nativa.

Aunado a lo anterior, la crisis demográfica (disminución de natalidad) que enfrentan varios países de la UE (España, Portugal, Grecia e Italia); así como, el incremento de la esperanza de vida, han tenido fuerte impacto en la sociedad, la economía, la infraestructura y las necesidades de vivienda. Lo anterior, ha repercutido en la orientación política de los ciudadanos comunitarios, quienes cada vez más se han inclinado hacia gobiernos ultranacionalistas, teniendo como consecuencia el debilitamiento en la capacidad de apertura de las sociedades receptoras y poca tolerancia hacia fenómenos como la diversidad sexual, las sociedades multiculturales, la migración y los refugiados políticos.

Opinión pública antimigrante y antirefugiados políticos en la UE: Algunas consecuencias

Las cifras más ocupadas para promover los discursos antimigrante y antirefugio, son aquellas relacionadas con el acceso a trabajos. Al respecto, se han utilizado de manera recurrente datos que comparan el aumento de la mano de obra migrante y la mano de obra europea. Antes del año 2000, los trabajadores migrantes en Europa representaban tan sólo el siete por ciento de la fuerza laboral en dicho continente; no obstante, actualmente constituyen el 45% (Economía Internacional, 2024). Esto, ha propiciado que, la población europea que se encuentra desempleada responsabilice a los migrantes y refugiados, así como a los nuevos miembros de la UE, por la pérdida de sus empleos.

De acuerdo con los análisis sobre el fenómeno del desempleo en Europa llevado a cabo por el Eurostat en el 2025 (Eurostat, 2025), aproximadamente 15 millones de personas en el Viejo Continente, se encontraban sin empleo, siendo España el país con mayor número de desempleados, seguido por Croacia, Chipre, Portugal Italia, Eslovaquia y Francia, tal y como se puede apreciar en la Gráfica 2. El fenómeno del desempleo en Europa es muy complejo y varía en cada miembro de la UE, dicho fenómeno también se debe al *nearshoring* inter europeo. Es decir, debido a que una cantidad muy considerable de empresas o compañías del centro de Europa han traslado sus operaciones a países en donde las regulaciones medioambientales, el costo de mano de obra, seguridad social e impuestos son considerablemente menores (por ejemplo: México, Tailandia, Vietnam, Brasil, India, así como a otros países emergentes o de Europa del Este, o bien, del espacio post soviético).

Gráfica 2. Porcentaje de desempleo en los países miembros de la UE, 2024

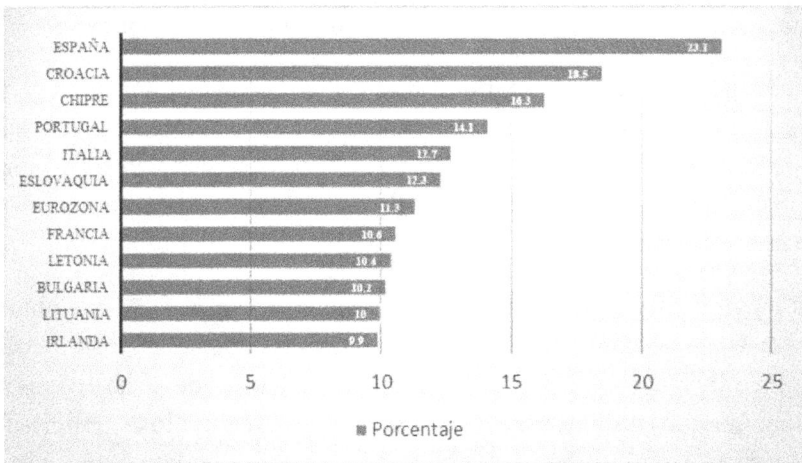

Fuente: Elaboración propia con datos de Dotras, 2025.

Entre las medidas que ha tomado la UE para combatir este fenómeno está la creación del Fondo Social Europeo (FSE), cuyo objetivo es incrementar la competitividad y el empleo, así como combatir el envejecimiento de la población por medio de procurar el incremento de la tasa de natalidad.

Además, se han promovido los permisos para poblaciones cualificadas intra y extracomunitarias.

Conclusiones

Por más de 50 años, la UE ha alcanzado los objetivos por los cuales fue creada, tales como: propiciar la paz entre sus miembros, fomentar las democracias liberales, promover el desarrollo económico y el respeto por los derechos humanos y los derechos de las minorías sociales. Sin embargo, en los últimos años varios de estos objetivos (sobre todo los relacionados con los migrantes y refugiados políticos y los miembros de la comunidad LGTBTIQ+) no han sido respetados por miembros de la UE que han sido gobernados por regímenes de ultraderecha, como ha sido el caso de Polonia, Hungría y otros países de Europa del Este (Appel, 2019).

Actualmente, la UE enfrenta serios problemas en relación con la discriminación, la exclusión social y el enorme rechazo que existe en la opinión pública europea hacia los migrantes y los refugiados políticos. Esta oposición, que bien podría interpretarse como fobia o xenofobia, ha tenido consecuencias catastróficas para Europa, tales como el Brexit y el incremento de la fuerza de los partidos políticos y regímenes de ultraderecha, que cada vez adquieren mayor popularidad y número de votantes[5].

La integración europea enfrenta, hoy en día, una crisis estructural, en gran medida generada por la problemática migratoria y de refugiados políticos que inició en el 2015 y continúa hasta nuestros días. La movilidad de personas en el escenario europeo tiene dos vertientes: la intercomunitaria y la extracomunitaria.

El movimiento intercomunitario se genera entre los propios miembros de la UE. Los Estados miembros expulsores de migrantes poseen economías de renta media o son los menos desarrollados de dicha organización. Aunque los nuevos miembros de la UE han registrado un importante avance en términos de desarrollo y crecimiento económico, aún existe una brecha económica y salarial muy importante entre aquellos países que pertenecen al centro de Europa y los que se encuentran en la periferia

---

5 Ejemplo de esto es lo sucedido en las últimas elecciones del Parlamento Europeo, así como el triunfo de los partidos políticos Hermanos por Italia, en Italia, y Alternativa para Alemania, en Alemania del Este, así como los ya mencionados casos de Hungría y Francia.

de la UE. La migración y los refugiados políticos extracomunitarios en su gran mayoría provienen de Estados fallidos; es decir, de países en donde existe poco o nulo respeto hacia el Estado de derecho, endeble respeto por los derechos humanos y de las minorías, y pocas posibilidades de crecimiento económico; asimismo, se distinguen por tener regímenes políticos caracterizados como plutocracias o vetocracias. Por ello, la UE recibe una cantidad muy considerable de refugiados políticos por cuestiones de represión social y política. Los Estados expulsores de migrantes hacia la UE en su gran mayoría provienen de Asia, África, Medio Oriente, Rusia, Ucrania, Bielorrusia, así como de otros Estados post soviéticos. La mayoría de estos migrantes sufren de discriminación y rechazo debido a que se les responsabiliza del abuso de la seguridad social europea, el desempleo, el incremento de las desigualdades sociales, la pérdida de los valores europeos, e incluso, del terrorismo.

La crisis que enfrenta la UE es de tal magnitud que podría amenazar su estabilidad política, así como fomentar el incremento del euroescepticismo, considerado como uno de sus peores enemigos (Baillard y Camaret, 2016). Otras variables que han generado la crisis que enfrenta actualmente la UE son: el desempleo, la crisis demográfica y el conflicto bélico entre Rusia y Ucrania. En cuanto a la hipótesis de este capítulo y a la Teoría de los Complejos de Seguridad, se alude a que la guerra entre Rusia y Ucrania, así como los desafíos, retos y amenazas que enfrenta Europa en el siglo XXI hacia su estabilidad política, económica y social, han integrado aún más a los miembros de la UE, quienes se perciben como una identidad colectiva que los fortalece frente a sus continuos retos y amenazas.

Bibliografía

Arango, J., Garcés B., Mahía, R. y Moya, D. (dir) (2021). Inmigración en tiempo de Covid-19. Anuario Internacional CIDOB de la inmigración.

Baillard, D. y de Camaret, C. (14 de octubre de 2016) *Guy Verhofstadt: le Brexit renforce ses convictions* RFI, http://www.rfi.fr/emission/20 161014-guy-verhofstadt-brexit-renforce-convictions-federalistes

Basset, M. y Catalán, N. (30 de agosto de 2025). *Diez años de la crisis de los migrantes en Europa: la derecha busca el antídoto ante los ultras.* El País. https://elpais.com/internacional/2025-08-31/diez-anos-de-la-

crisis-de-los-migrantes-en-europa-la-derecha-busca-el-antidoto-ante
-los-ultras.html

Bastian, D. (29 diciembre de 2021). Inmigración y emigración en Europa en gráficos. *Epdata*. https://www.epdata.es/datos/inmigracion-emi gracion-europa-graficos/637

Benítez, S. (26 de enero de 2024). *Descifrando la islamofobia ¿En qué consiste este rechazo?*, Quo.mx. https://quo.mx/sociedad/20181/

Buzan, B. (2007). *People, States and Fear: an agenda for international security in the post-cold war era.* ECPR Press.

Buzan, B. y Waever, O. (2013). *Regions and Powers: a guide to global security order. Cambridge.* University Press.

Castedo, A. (20 de junio de 2016). *Cómo el Brexit puede afectar a millones de personas que viven y trabajan en el Reino Unido.* BBC News mundo. https://www.bbc.com/mundo/noticias-internacional-36533570#:~:-text=Qué%20es%20el%20Brexit%20y%20cómo%20puede%20afectar#:~:text=Qué%20es%20el%20Brexit%20y%20cómo%20puede%20afectar

Consejo Europeo, (s/f). Pandemia COVID-19: la respuesta de la UE, https://www.consilium.europa.eu/es/policies/coronavirus-pande mic/

Del Hoyo, N. (11 de septiembre de 2024). *Hungría amenaza a la UE: Subiremos en un autobús a los inmigrantes ilegales y les dejaremos en Bruselas.* Antena 3. https://www.antena3.com/noticias/mundo/hun gria-amenaza-subiremos-autobus-inmigrantes-ilegales-les-dejare mos-bruselas_2024091166e1b3e23c8787000182109d.html#:~: text=El%20ministro%20del%20interior%20Hungría,%20Sán-dor%20Pintér,%20ha.

Dotras, O. (1 de abril de 2015). *El Ranking de desempleo en los países europeos.* La Vanguardia. https://www.lavanguardia.com/vangdata/20 150401/54428617678/el-ranking-de-desempleo-en-los-paises-eu ropeos.html.

EFE (9de junio de 2024). *La ultraderecha avanza en Europa y sacude Francia.* EFE News. https://efe.com/mundo/2024-06-09/ultraderecha-

avanza-elecciones-europeas/#:~:text=Las%20fuerzas%20de%20
ultraderecha%20marcaron%20un%20notable%20ascenso,a%20Em
manuel%20Macron%20a%20convocar%20elecciones%20legislati
vas%20anticipadas

Eurostat. (30 de enero de 2025), Euro area unemployement 6.3%. https://ec.europa.eu/eurostat/web/products-euro-indicators/w/3-3
0012025-bp

Grasso, D, Montse, H y Galán, J. (19 de marzo de 2022). *Los intereses en
Europa de los oligarcas rusos sancionados: aviones, mansiones y empresas secretas.* El País. https://elpais.com/internacional/2022-03-20/
los-intereses-en-europa-de-los-oligarcas-rusos-sancionados-avio
nes-mansiones-y-empresas-secretas.html#:~:text=La%20mayo
ría%20están%20entre%20las%2010.000%20personas%20(el.

Parzymies, S. (2017). The European Union-Challenges and Threats. En
R. S. Pedro (Ed.) *La Unión Europea: Estados miembros, Rusia, Ucra-
nia y temas prioritarios de la Nueva Europa del Este* (pp. 23-24). Levar
Anclas.

Petit José. (2014). La teoría económica de la integración y sus principios
fundamentales. *Revista Venezolana de Análisis y Coyuntura,* p.140.

Rodríguez, G. (24 de septiembre de 2024). *Una UE blanca y 'boomer': un
informe advierte sobre la desafección de los europeos jóvenes, no blancos y
del Este.* El País. https://elpais.com/internacional/2024-09-25/una-
ue-blanca-y-boomer-un-informe-advierte-sobre-la-desafeccion-de-
los-europeos-jovenes-no-blancos-y-del-este.html

Romero Meléndez, M. (2025). Un mercado laboral europeo en transformación: el papel de la inmigración y los nuevos empleos. CaixaBank
Research.

Statista (1 de junio de 2024). Número de refugiados ucranianos registrados por país desde el comienzo de la guerra en febrero de 2022
hasta febrero de 2024. https://es.statista.com/estadisticas/129385
6/guerra-entre-rusia-y-ucrania-refugiados-ucranianos-por-pais-20
22/#:~:text=Publicado%20por%20Rosa%20Fernández,%2021%20
jun%202024.%20A.

Statista (7 de diciembre de 2016). El sentimiento contra los inmigrantes

en Europa. https://es.statista.com/grafico/7110/el-sentimiento-con
tra-la-inmigracion-en-europa/.

The Fund for Peace (2020). *Annual Index Report 2020.* https://fragile
statesindex.org/wp-content/uploads/2020/05/fsi2020-report.pdf.

Capítulo 2
....

Metáforas del desplazamiento y tránsitos precarios en tiempos del covid-19

Mónica Patricia Toledo González

Resumen

El Estado mexicano ha implementado políticas migratorias restrictivas para contener el tránsito de población
centroamericana en condiciones de irregularidad migratoria, cuyo propósito es llegar a la frontera norte de
México para ingresar a Estados Unidos. Estas políticas,
que han resultado en actos violentos contra las personas
que se movilizan dentro del territorio nacional de manera temporal, se complejizaron aún más con la pandemia
de COVID-19. Este capítulo examina la relación entre
los tránsitos migratorios de población centroamericana
y la administración y atención durante la pandemia en el
Albergue La Sagrada Familia en Apizaco, Tlaxcala, México, a través de la voz de integrantes del equipo y de algunos varones hondureños albergados en esta institución.
Esta investigación, de corte cualitativo, busca analizar
las restricciones para la movilidad en un entorno local,
así como construir metáforas acerca del COVID-19 y la
población migrante en condiciones de irregularidad migratoria.

Palabras clave: Migración irregular, pandemia, COVID-
19, México, Honduras

Introducción

Contrariamente a lo que se proclamaba con la llegada de la globalización capitalista, en el siglo XXI, las fronteras, para ciertos grupos de
población, se han vuelto cada vez más rígidas. En las migraciones internacionales hay un aumento cada vez mayor de los flujos de personas de

países empobrecidos que viajan hacia los países más ricos; no obstante, estos movimientos presentan una paradoja, ya que al tiempo que suman grandes volúmenes de población, se aplican fuertes restricciones para su circulación (Arango, 2007). Es así que en nuestra región, y en general en todo el mundo, existe una movilidad selectiva y restringida.

México[1] forma parte del corredor migratorio internacional más importante del mundo, ya que, por su posición geográfica, es un territorio clave para el tránsito de población migrante. Para este estudio se aborda el caso de la población proveniente de países centroamericanos, específicamente de El Salvador, Honduras y Guatemala, que en su proyecto migratorio inicial tienen como destino Estados Unidos (aunque también se observa el tránsito de población haitiana, cubana, venezolana, e incluso, del continente africano). El corredor sur-norte que atraviesa México implica un sistema migratorio regional que se caracteriza por la presencia de aparatos de control materializados en operativos, retenes y detenciones (Silva, 2015).

En este capítulo se parte del concepto de tránsitos precarios para enfatizar la complejidad de estos trayectos, los cuales implican movilidades e inmovilidades de población centroamericana y se realizan de manera irregular dentro de nuestro país (Toledo y Carro, 2021). La precariedad, según Judith Butler (2009), se entiende como una condición generada políticamente que expone a ciertos sectores de la población al riesgo de sufrir daño, violencia e incluso la muerte, debido a la falta de redes de soporte social. Dicha vulnerabilidad afecta a grupos poblacionales que están arbitrariamente sometidos a la violencia estatal y a otras formas de agresión que, aunque no son causadas directamente por los Estados, no reciben de ellos la protección necesaria (Butler, 2009).

Entre 2018 y 2019, como estrategia para enfrentar y remontar las condiciones de precariedad, la población migrante se aglutinó en caravanas, conformadas en su mayoría por personas centroamericanas que se desplazaban hacia el norte del país para llegar hasta la frontera e ingresar a

---

1 Hernández (2019) indica que en nuestro país se presenta una heterogeneidad migratoria relevante: como un país de emigrantes, con una migración de larga data de población mexicana hacia Estados Unidos (aunque en las dos últimas décadas se ha observado una reducción en estos flujos); un país de retorno (voluntario y forzado); un país de destino, pues en los últimos años han aumentado de manera importante las solicitudes de refugio y asilo; y, dada su posición geopolítica, como un país de tránsito para población de diversos países que tiene como destino final Estados Unidos.

Estados Unidos para solicitar asilo. La visibilidad y los retos que imponía la gestión de estas caravanas generó que las autoridades de México, Guatemala, El Salvador y Honduras implementaran el Plan de Desarrollo Integral, coordinado por la Comisión Económica para América Latina y el Caribe (CEPAL) para frenar la migración en condiciones de irregularidad. Al contexto de endurecimiento de las políticas migratorias se sumó la llegada del virus SARS-CoV-2 y la enfermedad de COVID-19. Este brote desencadenó una emergencia sanitaria a nivel mundial, que en marzo de 2020 fue declarada pandemia por la Organización Mundial de la Salud (OMS).

Durante la pandemia se agudizaron los prejuicios, la xenofobia y las prácticas discriminatorias hacia la población migrante, especialmente contra aquella en situación irregular. En este contexto, las reflexiones de Claudio Lomnitz resultan pertinentes: "el miedo al contagio refuerza grietas sociales preexistentes. La polarización política, las tensiones religiosas, el racismo, el clasismo y la diferenciación entre ciudadanos y extranjeros pueden convertirse en el foco obsesivo de angustias colectivas, que se traducen en actos discriminatorios y violentos" (Lomnitz, 2020, p. 10).

Es así que este texto tiene como propósito analizar la relación entre los tránsitos migratorios de la población centroamericana y la gestión de la pandemia de COVID-19 en un contexto local, específicamente en el Albergue La Sagrada Familia de la ciudad de Apizaco, Tlaxcala. El presente estudio amplía y profundiza un análisis previo (Toledo y Carro, 2021) con el fin de examinar cómo la pandemia contribuyó a la reproducción de espacios xenofóbicos y discriminatorios para población migrante en condiciones de irregularidad.

El trabajo está estructurado en tres secciones: en la primera se exponen los fundamentos teóricos que respaldan la investigación; en la segunda parte se describe brevemente la metodología empleada; y en la tercera, se presenta la información empírica recopilada. Por último, se abordan algunas conclusiones.

Tránsitos precarios y metáforas

El abordaje conceptual de los tránsitos precarios refiere a aquellos procesos de movilidad que ocurren en condiciones de vulnerabilidad maximizada y que implican la exposición de ciertas poblaciones a la violencia de Estado, por acción u omisión (Toledo y Carro, 2021). En este marco, se contempla al Estado Mexicano como ejecutor de políticas restrictivas de contención y disuasión a través del miedo y el control migratorio. En correspondencia con estas lógicas de cercado (Mbembe, 2016), México ha convertido su territorio en una especie de fortaleza, con murallas, muros, vallas, fronteras y legislaciones anti-extranjeros, las cuales buscan limitar la movilidad de ciertas personas de acuerdo a sus perfiles biosociales.

Achille Mbembe (2016) examina cómo se racializan las poblaciones en el contexto del capitalismo contemporáneo. Propone entender la raza no como un concepto biológico, sino como un proceso social derivado del colonialismo, utilizado para clasificar a las personas y determinar si se les permite vivir (biopolítica, según Foucault) o si se les dirige hacia la muerte (necropolítica). Según este autor, los procesos de racialización han operado como un mecanismo de división y organización jerárquica que asigna espacios específicos a los grupos poblacionales, definiendo los límites dentro de los cuales pueden moverse. El propósito final es inmovilizar, encarcelar o deportar a estos grupos (Mbembe, 2016, p. 80). Es así que la gestión de la migración en el sistema regional se basa en la exclusión de grupos poblacionales provenientes de países y comunidades empobrecidas. Esta exclusión no solo es material, sino también simbólica, al etiquetar a estos grupos como peligrosos y sospechosos (Abad, 2018). Según Álvarez (2011), existe una construcción estatal y social deliberada que retrata la migración irregular como una amenaza al orden social en los países receptores.

En este marco, los migrantes irregulares son presentados como "los otros no deseados" y asociados, según el contexto histórico y político, con enfermedades, debilidad, suciedad, delincuencia, terrorismo o narcotráfico. Estas asociaciones justifican simbólicamente la implementación de políticas de securitización migratoria que priorizan la seguridad nacional por encima de la seguridad humana. De esta manera, la inclusión y exclusión de ciertos grupos poblacionales se sostiene en una construcción ideológica que define lo que es considerado deseable y lo que no lo es, siendo la migración indocumentada frecuentemente categorizada como indeseable (Álvarez, 2011, p. 10).

Esta construcción ideológica se alimenta de metáforas discursivas que perpetúan acciones discriminatorias. En este sentido, la estigmatización de la migración irregular se vincula con lo que Tim Cresswell denomina metáforas del desplazamiento, en referencia a sustituciones basadas en una similitud percibida (Lodge, 1977, como se citó en Cresswell, 1997) o como asociaciones mediante sustituciones (Barthes, 1967, como se citó en Cresswell, 1997).

La noción de metáforas del desplazamiento permite analizar la manera en la que el lenguaje se entrelaza con el poder y la exclusión, al utilizar figuras retóricas que asocian a personas o grupos que se encuentran "fuera de lugar" con elementos considerados indeseables o contaminantes (Cresswell, 1997). Estas metáforas no solo describen la realidad, sino que desempeñan un papel social y político al legitimar la marginación, la exclusión y la violencia hacia quienes son vistos como ajenos o invasores. Su lógica radica en establecer y perpetuar valores ideológicos que determinan lo que se considera correcto, justo y adecuado, así como lo que se define como inapropiado.

Cresswell identifica tres metáforas clave: las malezas, que simbolizan el crecimiento descontrolado y la invasión de espacios percibidos como puros, asociándose con lo salvaje, incontrolable e impuro; las plagas, que representan una amenaza o riesgo para la salud y el bienestar colectivo, ligadas al contagio y la necesidad de ser erradicadas; y las secreciones corporales, que evocan suciedad y repulsión, vinculadas con lo contaminante. Estas metáforas no solo describen, sino que reflejan una carga ideológica y una política intrínseca (Cresswell, 1997).

Asimismo, existen sentimientos y emociones como la repulsión, la indiferencia y el miedo que surgen de las percepciones de desplazamiento y condicionan las respuestas sociales. Las malezas se deben eliminar, las secreciones, limpiarse y las enfermedades, ser aisladas. Así, estas metáforas promueven distintas estrategias para enfrentar el desplazamiento, pero todas comparten el objetivo de restaurar el orden y colocar cada elemento en el lugar que se percibe como correcto.

Por lo anterior, más allá de ser simples representaciones, estas metáforas se convierten en el fundamento de políticas públicas y programas que legitiman restricciones, permisos, exclusiones, integraciones o segregaciones. Construidas desde posiciones de poder, dichas representaciones generan la creación de grupos considerados como indeseables, que desafían el orden social y el llamado sentido común. A menudo, estos grupos son personas racializadas, de clases empobrecidas o consideradas como enfermas.

Con base en este marco conceptual, este capítulo explora las formas en las que la gestión de la pandemia por parte del Estado mexicano contribuyó a la creación de discursos y acciones de discriminación, enfermedad y sufrimiento, que recayeron sobre los cuerpos de los migrantes centroamericanos. En el contexto del COVID-19, la población migrante en condiciones de irregularidad fue asociada con la metáfora de la suciedad y con la noción de estar fuera de lugar.

Esta investigación se realizó en el Albergue La Sagrada Familia, institución de soporte humanitario ubicada en la ciudad de Apizaco, Tlaxcala. Esta ciudad del altiplano central mexicano constituye un nodo intermedio en los trayectos de la población migrante que busca llegar a la frontera norte de México. También conocida como "ciudad rielera", Apizaco fue fundada en 1866 con el tendido de las vías del tren que conectaba a dos polos de desarrollo nacional: la capital del país y el puerto de Veracruz. Actualmente es la sede de la Terminal del Ferrocarril de la empresa Ferrosur, que se encuentra entre la ciudad de Orizaba, Veracruz, y la estación de Lechería, en el Estado de México.

Nota metodológica

Desde 2014 se inició un trabajo colaborativo con el Albergue La Sagrada Familia de Apizaco y la Asociación Civil Un Mundo Una Nación. En un principio, este vínculo se centró en incorporar a estudiantes de licenciatura para que realizaran prácticas profesionales, servicio social y voluntariado. Con el tiempo, esta colaboración evolucionó hacia una agenda de investigación, que incluyó el proyecto *Tránsitos precarios, migrantes centroamericanos y su trayecto por el Altiplano Central Mexicano* (Problemas Nacionales 5687 del Consejo Nacional de Ciencia y Tecnología). El trabajo de campo se llevó a cabo durante todo este período; es decir, entre 2018 y 2021. Los resultados que se presentan en este capítulo son avances preliminares de este proyecto de investigación e incidencia, cuyo objetivo fue diseñar un modelo de acompañamiento situado y contextualizado en el albergue La Sagrada Familia (Toledo y Carro, 2021 y Toledo et al., 2021).

El trabajo de campo implicó retos importantes. Dado que se trata de un albergue para personas en tránsito, la estancia de la población migrante se limita a 48 horas, lo que se traduce en una restricción en el tiempo disponible. A esto se añaden las condiciones en las que arriban los migrantes, quienes en general presentan un agotamiento importante, algunos manifiestan deshidratación, insolación, llagas en los pies y manos, hambre y sed. Aunado a esto y como estrategia de cuidado ante diversos riesgos, esta población busca la invisibilidad que los orilla a la clandestinidad, aumentando las amenazas en sus trayectos. Esta situación implicó limitantes para la aplicación de ciertas herramientas metodológicas, tales como entrevistas a profundidad y un seguimiento directo y de largo tiempo a la población en tránsito; por tanto, se apostó por la realización de una etnografía de lo efímero[2].

Las características propias de la población estudiada, específicamente su movilidad y naturaleza transitoria, motivaron la realización de trabajo voluntario y la colaboración en diversas tareas asignadas por el personal. Esto permitió llevar a cabo observación participante a través de actividades como registrar los ingresos de la población atendida, distribuir artículos de higiene, ropa y alimentos, preparar comidas, llenar solicitudes de retorno voluntario, asistir en curaciones, supervisar llamadas gratuitas, apoyar en la cocina, clasificar medicamentos y organizar actividades recreativas, como juegos de mesa y dinámicas de integración durante los tiempos de espera. Además, se realizaron observaciones directas, entrevistas a profundidad y el mantenimiento de un diario de campo, lo que permitió el establecimiento del *rapport*. La observación participante adquirió un papel central, complementándose con el registro de conversaciones informales, las cuales enriquecieron el trabajo de campo.

No obstante, el acompañamiento y la implementación de herramientas metodológicas en el albergue se detuvieron en marzo de 2020, cuando en México se declaró la Jornada Nacional de Sana Distancia como medida para enfrentar la pandemia por COVID-19, que incluyó medidas sanitarias y de distanciamiento social. A pesar de que hubo cierres y reducción de operaciones en los centros de acogida para migrantes en todo el país[3], el Albergue La Sagrada Familia permaneció abierto, brindando servicios a la población en tránsito, pero las visitas de trabajo de campo debieron suspenderse y solo se realizaron de manera esporádica.

---

2   Para una reflexión más amplia acerca de la metodología utilizada, ver Toledo (2021).

3   Existen algunos trabajos que abordan los procesos experimentados durante la pandemia en los albergues para migrantes o asociaciones de soporte humanitario. Para el caso de Mexicali ver Ramírez-Meda y Moreno-Gutiérrez (2020); para el caso de Tijuana ver Bojorquez-Chapela et al (2022).

La información presentada en este capítulo proviene de tres entrevistas semiestructuradas realizadas al director de la institución, Sergio Luna, de conversaciones informales con migrantes hondureños que llegaron al albergue, así como del análisis de medios de comunicación locales y de publicaciones en redes sociodigitales del albergue; especialmente Facebook. Este estudio no tiene como objetivo generalizar los hallazgos, sino contribuir al conocimiento contextualizado y documentar las experiencias vividas durante la pandemia.

Tránsitos precarios en Apizaco y el COVID-19

El Albergue la Sagrada Familia es una institución de soporte humanitario que desarrolla un modelo de atención integral que incluye asistencia humanitaria, asesoría jurídica, atención primaria a la salud y atención psicosocial. Durante el periodo de trabajo de campo arribaron mayoritariamente varones hondureños provenientes de localidades como Comayagua, La Ceiba, El Progreso, Copán, San Pedro Sula, Puerto Cortés, Tegucigalpa, entre otras. Se trataba de migrantes con escasos recursos económicos para el viaje, que transitaban principalmente en el tren de carga, y que no contaban con dinero para pagar un coyote o pollero[4]; y que tenían escasas o nulas redes de apoyo en el trayecto o en el destino. Algunos de ellos señalaron no saber a qué ciudad de Estados Unidos deseaban llegar, mientras que otros plantearon como destino la ciudad mexicana de Monterrey, para poder trabajar un tiempo y conseguir dinero para cruzar la frontera norte del país.

En este albergue se evidenciaron los impactos de los tránsitos precarios en los cuerpos de la población migrante. Las personas llegaban con un profundo agotamiento físico y emocional, manifestando una variedad de malestares como hambre, cansancio, dolores físicos y emocionales. Además, presentaban la piel quemada por la exposición al sol o al frío, ampollas en pies y manos debido a largas caminatas o intentos de subir al tren, deshidratación, estrés, estrés postraumático, infecciones, gripes y diarreas (Toledo y Carro, 2021).

La situación se agravaba en aquellos migrantes que ya padecían enfer-

---

4 Los términos coyote y pollero refieren a traficantes o contrabandistas de personas; es decir, aquellos que facilitan el cruce irregular de fronteras y territorios a uno o varios migrantes, a cambio de una suma de dinero acordada (Torre Cantalapiedra, 2020).

medades desde sus lugares de origen, tales como desnutrición, diabetes, asma, hipertensión, problemas neurológicos o depresión. Estas condiciones suelen estar asociadas a la falta de acceso a servicios médicos en los lugares de origen, por ejemplo, esquemas de vacunación incompletos, falta de diagnósticos y atención médica preventiva. Los malestares provocados por el tránsito, sumados al deterioro de las enfermedades preexistentes y la mala alimentación, se intensificaban por la incapacidad de descansar y el estrés derivado de la condición de riesgo de ser víctimas de la violencia (Toledo y Carro, 2021).

Antes del inicio de la pandemia, el albergue ya presentaba diversos desafíos para la atención de la serie de problemáticas que acarrea la población migrante; entre ellas, el limitado acceso a servicios básicos de atención médica, incluida la salud mental; las condiciones precarias en los lugares de espera, ya sea en albergues, campamentos o ciudades fronterizas, que suelen ser peligrosos; el estrés provocado por la incertidumbre y la lucha por sobrevivir, tanto de las personas como de sus dependientes (particularmente las y los menores); y la atención al cuidado de los niños. Cabe mencionar que los menores de edad (solos o acompañados) están expuestos a violencia, situaciones traumáticas y altos niveles de estrés, lo que puede desencadenar trastornos tanto mentales, como físicos, especialmente porque estas experiencias ocurren en una etapa crucial de su desarrollo, afectándolos a largo plazo. Además, se observó la incapacidad para realizar seguimientos individuales o familiares, en gran parte debido a que esta institución humanitaria se ve obligada a centrarse en las necesidades más urgentes de supervivencia de las personas migrantes: alimentación, refugio, ropa, tratamiento de heridas y enfermedades graves, así como protección contra la violencia, ya que no cuenta con apoyo por parte del Estado.

A lo largo de los últimos 10 años, en Apizaco las condiciones para el tránsito de migrantes en situación irregular se han deteriorado significativamente. Un año después de la construcción del albergue, en 2012 en el marco del Plan Frontera Sur, la empresa Ferrosur colocó postes de concreto que obstaculizan y dificultan el ascenso y descenso de los vagones en movimiento. Esto complica tanto el acceso al albergue, como la provisión de ayuda humanitaria. Al mismo tiempo, se han creado y divulgado notas, mensajes y reportajes que criminalizan a los migrantes, acusándolos de involucrarse en delitos como asaltos a los vagones o robos en viviendas (Toledo, 2021). A esto se suma un incremento en los operativos del INM.

Otra acción que muestra la discriminación hacia esta población fue la instalación de la malla "anti-migrantes", así denominada en las notas periodísticas (Staff, 2019). Esta malla de alambre se colocó entre el acceso a la Colonia Ferrocarrilera, la puerta de ingreso al albergue y vía del tren. Ciertos artículos periodísticos enfatizan que la malla ciclónica fue colocada a petición de un comité vecinal, como una respuesta a los supuestos abusos de las personas migrantes, en especial de varones, a quienes se les acusó de "acosar a las mujeres, orinar y defecar en la vía pública, generar riñas y escándalos durante la madrugada, además de ser partícipes de actos delictivos como el robo de auto partes y a casa habitación" (*Ibid.*). Para el 2022, esta malla desapareció y en su lugar se instaló un muro de concreto que impide el paso.

El discurso de criminalización promovido por las autoridades municipales de Apizaco y amplificado por diversos medios de comunicación, legitima la discriminación. Este enfoque busca construir una percepción de los migrantes como "otros", ajenos y potencialmente dañinos para la sociedad. Asimismo, fomenta que parte de la población local internalice el miedo y el rechazo hacia ellos, lo que contribuye a agravar su situación de vulnerabilidad social.

Como ya se ha apuntado, el SARS-CoV-2, virus que genera la enfermedad de COVID-19, fue identificado inicialmente en China en el mes diciembre de 2019. El 30 de enero de 2020, la Organización Mundial de la Salud (OMS) declaró una emergencia sanitaria global y, en marzo de ese año, se decretó la existencia de una pandemia. En México, el registro del primer caso fue el 28 de febrero de 2020. Como estrategia principal para enfrentar la crisis sanitaria, se implementó la Jornada Nacional de Sana Distancia, que fomentaba el distanciamiento social y alentaba a la población a permanecer en casa de manera voluntaria. También se ordenó el cierre de escuelas, comercios y oficinas para reducir la circulación en espacios públicos.

La pandemia alteró significativamente la movilidad humana. Se estableció el confinamiento para frenar los contagios y, al tiempo que las estaciones migratorias se abrieron, las fronteras se cerraron y muchos migrantes en situación irregular fueron deportados rápidamente. En nuestro país, varios albergues debieron cerrar de manera temporal, o bien, restringir sus actividades y operaciones. El hacinamiento de algunos albergues generó tensiones con la población local, que los percibía como focos de infección y enfermedad, asociados a la inseguridad, crimen y violencia. En la región norte del país, numerosas instituciones dedicadas al apoyo humanitario tuvieron que reducir sus actividades debido a la saturación ocasionada por la espera crónica que enfrentó esta población migrante. En marzo de 2020 se registraron varios incidentes de agresiones contra albergues. Uno de los casos más evidentes de discriminación ocurrió en Palenque, Chiapas, donde migrantes centroamericanos fueron desalojados de un auditorio en el que se refugiaban (Mariscal, 2020 y Jiménez, 2020).

Además, algunas organizaciones nacionales e internacionales presionaron al gobierno mexicano para liberar a los migrantes detenidos en estaciones migratorias, debido a las condiciones precarias en las que se encontraban. De acuerdo con Amnistía Internacional, Hugo López Gatell, quien en la pandemia fungió como Subsecretario de Prevención y Promoción de la Salud, había enfatizado que la sana distancia representaba la medida más efectiva para prevenir el contagio de COVID-19. Por otro lado, la Secretaría de Gobernación había reconocido públicamente que la población migrante es una de las más vulnerable; sin embargo, esto no fungió como un punto de partida para las acciones del INM, pues no hubo una acción decisiva por parte de este instituto para garantizar la vida y la salud de las personas en detención migratoria. Esto resultó profundamente preocupante, por lo que Amnistía Internacional hizo un llamado a López Gatell para que recomendara públicamente al INM la liberación inmediata de todas las personas en detención migratoria y brindara garantías de acceso a alojamiento y servicios de salud para la población migrante y refugiada en México (Amnistía Internacional, 2020).

Como resultado, en marzo de 2020, de las 3 759 personas en detención, solo 106 permanecieron bajo custodia; el resto fueron deportadas a Guatemala, El Salvador y Honduras (REDODEM, 2020: 2018). Hacia finales de marzo y abril, la Oficina del Alto Comisionado de las Naciones Unidas para los Refugiados (ACNUR) y el Instituto Federal de Defensoría Pública en Puebla gestionaron la liberación de migrantes detenidos, especialmente de aquellos con potencial estatus de refugiados. A los migrantes que quedaron se les dio la opción de ser reubicados en albergues gestionados por organizaciones civiles; La Sagrada Familia entre ellos.

En el albergue La Sagrada Familia se admitieron varios grupos de personas, lo que generó inquietud entre los integrantes del equipo de trabajo; en especial, por el riesgo de contagio. Los migrantes acogidos eran distintos a los que estaban acostumbrados a atender: "para nosotros fue una novedad recibir grupos de haitianos o cubanos, porque habían salido de las estaciones migratorias" (S. Luna, comunicación personal, 24 de agosto de 2020).

Desde el inicio de la pandemia, el albergue enfrentó una disminución en su personal debido a que gran parte del equipo estaba compuesto por voluntarios. Como se apuntó anteriormente, las estudiantes universitarias dejaron de asistir por indicaciones de las autoridades educativas. Se esperaba que, en el segundo semestre del año, el albergue recibiera apoyo de programas extranjeros, en específico de la Iglesia Luterana; sin embargo, estos se suspendieron, dejando únicamente a una voluntaria estadounidense. Otros más dejaron de participar debido a que su condición física o médica los ubicaba en grupos de riesgo. Esto provocó una reducción significativa en el equipo, que pasó de quince personas que trabajaban en diferentes turnos, a solamente tres.

Como parte de la crisis generada por la pandemia, una voluntaria de 70 años, cuyo compromiso personal era acudir los fines de semana al mercado de Apizaco para solicitar donaciones de frutas y verduras, dejó de asistir por ser una persona en grupo en riesgo. Esta suspensión afectó el suministro de productos frescos y la consecuente preparación de alimentos, ya que el albergue La Sagrada Familia ofrece desayunos, comidas y cenas diariamente. Sin embargo, la situación mejoró gracias a las donaciones de algunos grupos, lo que permitió continuar con el servicio de alimentación.

Si bien al inicio de la pandemia, las capacitaciones fueron valoradas positivamente por el reducido equipo de voluntarios y trabajadores del albergue, poco tiempo después lo experimentaron como una sobrecarga de trabajo:

> Toda la cantidad de espacios de capacitación, de asesoría, de asistencia a través de las plataformas virtuales, *webinars*, talleres, etc., que distintas instituciones como Cruz Roja Internacional, ACNUR, [la] Organización Panamericana de la Salud, y una enorme cantidad de instituciones que diseñaron muchos talleres y espacios para asistir, acompañar y asesorar los albergues, fue muy positiva, muy útil, pero también abonaron a un sentimiento de estrés, de sobrecarga, de saturación de información,

de mayor temor (S. Luna, comunicación personal, 24 de agosto de 2020).

La llegada de la pandemia obligó al albergue a replantear por completo su forma de operar. La carencia de infraestructura adecuada y recursos limitados impidieron implementar de inmediato las medidas sanitarias necesarias. Los meses de abril y mayo fueron dedicados a adaptar el espacio; por ejemplo, se instaló un lavabo para las manos en la entrada y se adquirieron productos de limpieza. Sin embargo, la incertidumbre y el miedo a contagios, especialmente entre la población migrante, generaron un clima de tensión y preocupación entre el personal:

> Entonces todo esto del impacto psicosocial y emocional en el equipo también fue muy importante, porque una vez que nuestro equipo de voluntarios tuvo que suspender sus actividades, el equipo tuvo que hacer una reflexión colectiva para saber cuáles tendrían que ser las acciones a tomar en su momento; incluso, ante este temor pensamos cerrar temporalmente el albergue, como algunos lo hicieron en el sur y en el centro de México. Sin embargo, tratando de ser mucho más responsables y cuidadosos en la atención que se tendría que realizar, decidimos continuar brindando el servicio, no sin antes tratar de mejorar al máximo posible nuestras condiciones de seguridad e higiene. (S. Luna, comunicación personal, 24 de agosto de 2020).

Durante los meses de abril a agosto, el albergue atendió a cinco personas que, mientras cruzaban el territorio mexicano, sufrieron accidentes o presentaron crisis agudas de enfermedades crónicas como epilepsia, diabetes y asma. La pandemia de COVID-19 añadió una capa de complejidad a la atención médica en el albergue:

> Para nosotros fue muy complicado el poder ayudar para que accedieran a los servicios de salud. Incluso algunos hospitales de la región se estaban convirtiendo en hospitales COVID y había un gran temor por canalizar a estos migrantes a estos hospitales como el Regional, porque había ya un temor porque ellos podían contraer luego esta enfermedad. Además de que estos hospitales no los estaban recibiendo, había sobredemanda también en hos-

pitales privados, [los] que de alguna forma podían atender a estas personas migrantes. Entonces fue una condición de bastante trabajo y estrés, el poder canalizar a estas personas para que recibieran atención médica adecuada (S. Luna, comunicación personal, 24 de agosto de 2020).

La pandemia exacerbó los retos enfrentados por el albergue La Sagrada Familia. En marzo, un hombre con asma y diabetes, condiciones que no habían sido atendidas en su país de origen, fue trasladado en taxi por el personal del albergue a un hospital público de la ciudad. Sin embargo, este hospital no contaba con protocolos para la detección de COVID-19. Circuló información falsa que señalaba que el hombre estaba infectado con el virus, lo que llevó al anuncio del cierre temporal del hospital para su desinfección, supuestamente debido a la presencia de un migrante enfermo. Finalmente, el paciente fue atendido en otro hospital y luego regresó al albergue. Este único caso sospechoso desencadenó una ola de rumores y estigmatización, complicando las actividades del albergue y generando temor y desconfianza entre los vecinos.

En los meses de junio y julio de 2020, un grupo de vecinos propagó rumores en la colonia, afirmando que el albergue ya registraba casos positivos de COVID-19 e incluso muertes en sus instalaciones, pese a que esta información era falsa.

Durante mayo y junio, organizaciones internacionales como el ACNUR y el Comité Internacional de la Cruz Roja ofrecieron apoyo financiero para adquirir insumos de higiene y salud, tales como cloro, jabones, sanitizantes y medicamentos básicos. Aunque esta ayuda fue valiosa, también representó un desafío, ya que parte del personal, reducido en número, tuvo que salir a comprar los productos, exponiéndose a riesgos y rompiendo los protocolos que indicaban limitar las entradas y salidas del albergue.

Algunos migrantes mostraron desconfianza hacia la existencia del virus, considerándolo una mentira destinada a dificultar su tránsito (Luis, charla informal registrada en diario de campo, 2 de septiembre de 2020). Otros afirmaron no temer al virus, argumentando que ya habían enfrentado situaciones peores. Sin embargo, algunos intentaban seguir las medidas de higiene en la medida de lo posible: "Yo traigo acá mi ... mi ese, cubrebocas, me lo regaló una señora en la calle ... luego nos regalan tantito gel o nos lavamos las manos donde se puede" (Ramiro, charla informal registrada en diario de campo, 6 de septiembre de 2020).

Aunque se observó una disminución en el número de migrantes atendidos, el flujo no se detuvo por completo. En octubre de 2020 se reportó un aumento en el tránsito de migrantes centroamericanos, con grupos de entre 100 y 150 personas pasando por el albergue de Apizaco. De continuar esta tendencia, el flujo podría haberse triplicado ese mismo mes (De la Luz, 2020).

CONCLUSIONES

La pandemia de COVID-19 agravó las vulnerables condiciones de movilidad de las poblaciones en situación de irregularidad migratoria, especialmente de migrantes centroamericanos. La emergencia sanitaria intensificó las desigualdades sociales, manifestándose en el aumento de discursos de odio en espacios locales, la multiplicación de las fronteras simbólicas y físicas, la proliferación de actos xenofóbicos, la reducción del apoyo a los albergues y, en consecuencia, una mayor precarización en su funcionamiento.

La gestión de la pandemia por parte de las autoridades reforzó las estructuras de discriminación hacia la población centroamericana en tránsito irregular, utilizando metáforas que perpetúan las jerarquías sociales. Estas narrativas asocian a los migrantes con conceptos como maleza, plaga o secreciones, marcando una división entre "nosotros" y "ellos". En este marco, los migrantes centroamericanos son representados como una plaga que amenaza a las sociedades receptoras, por lo que, según esta lógica, deben ser "devueltos a su lugar".

Estas metáforas también legitiman acciones violentas como la deportación, la detención y la discriminación. Al considerar a los migrantes como una "enfermedad" o como portadores de ésta, se justifican medidas extremas bajo el pretexto de curar la amenaza; incluso, si ello implica la violación de sus derechos humanos. Tales metáforas no solo refuerzan normas sociales y preservan el *statu quo*, sino que también justifican la exclusión de los migrantes y fortalecen la identidad de los grupos dominantes.

A nivel local se reproducen la estigmatización y la criminalización de los migrantes, agravadas por su asociación a conceptos de contaminación y enfermedad. Al ser vistos como focos de infección que están fuera de lugar, se legitima la creación de fronteras materiales y simbólicas. Estas metáforas no solo aparecen en los discursos, sino que también impulsan acciones concretas para tratar con el desplazamiento, pues están orientadas a restaurar un supuesto orden adecuado.

El Estado mexicano ha contribuido a esta polarización agravando las condiciones de vida para estas poblaciones. Frente a esta situación, organizaciones internacionales como el ACNUR y la Cruz Roja Internacional han intervenido para paliar las carencias en la ayuda humanitaria, mientras que la sociedad civil, como el albergue La Sagrada Familia, ha asumido responsabilidades que deberían corresponder al Estado, tales como la garantía de derechos humanos.

Lo expuesto en este capítulo muestra cómo la pandemia ha representado un punto de inflexión en la atención humanitaria brindada por la sociedad civil en México. Es así que las dificultades enfrentadas por el albergue La Sagrada Familia en Apizaco evidencian la ausencia de políticas migratorias que prioricen la seguridad y dignidad humanas, reflejando al Estado mexicano como indolente y desinteresado en proteger las vidas de las personas migrantes.

BIBLIOGRAFÍA

Álvarez Velasco, S. (2011). *Migración indocumentada en tránsito: La cara oculta de los procesos migratorios contemporáneos*. CLACSO. http://biblioteca.clacso.edu.ar/clacso/posgrados/20120420013415/Velasco.pdf

Abad Miguélez, B. (2018). "Regímenes de movilidad y expropiación del tiempo: la espera como cronopolítica". *ARBOR Ciencia, Pensamiento y Cultura*. 194(788), 1-13. https://doi.org/10.3989/arbor.2018.788n2013

Amnistía Internacional México. (23 de abril de 2020). "Amnistía Internacional pide al Dr. López-Gatell respaldar liberación de personas migrantes ante COVID-19". *Amnistía Internacional*. https://www.amnesty.org/es/latest/news/2020/04/mexico-lopez-gatell-respaldar-liberacion-personas-migrantes-ante-covid19/

Arango Vila-Belda, J. (2007). "Las migraciones internacionales en un mundo globalizado". *Vanguardia Dossier*, 6-15.

Bojorquez-Chapela I., Steffanie A S., R. S Garfein, C. Benson, A. Chaillon, C. Ignacio, J. Sepulveda (2022). *The impact of the COVID-19* pandemic among migrants in shelters in Tijuana, Baja California, México. BMJ Global Health.

Butler, J. (2009). "Performatividad, precariedad y políticas sexuales". *Revista de Antropología Iberoamericana*, 4(3), 321-336, https://dialnet. unirioja.es/servlet/articulo?codigo=4934440

CNDH. (27 de junio de 2019). *Emite CNDH Recomendación al INM y DIF Tlaxcala por violaciones a los derechos humanos a la integridad personal y a la seguridad jurídica contra un adulto y su hijo adolescente, personas migrantes de nacionalidad hondureña detenidas en la Estación Migratoria de esa entidad federativa.* CNDH. https://www.cndh.org. mx/sites/default/files/documentos/2019-06/COM_241-2019.pdf

De La Luz Degante, G. (15 de octubre de 2020). Podría triplicarse paso de migrantes al albergue; arriban 100 en solo un día. *La Jornada de Oriente.* https://www.lajornadadeoriente.com.mx/tlaxcala/triplicar se-paso-migrantes/

Dignidad en el camino AC, FM 4 Paso Libre. (2018). *Atrapados en la movilidad. Nuevas dinámicas de la migración y el refugio en México.* Prometeo Editores. https://fm4pasolibre.org/wp-content/uploads/2019/01/ Atrapados-en-la-movilidad-2.pdf

Hernández Hernández, A. (2019). "Prácticas culturales y religiosas en contextos de cambio y movilidad" en Sanz, N. y J. M. Valenzuela Arce (Eds.), *Cultura, migración y desarrollo. Visión y acción desde México* (pp. 121-131). El Colegio de la Frontera Norte/UNESCO.

Morales, R. y Agencias. (2019). Trump suspende aranceles y México se compromete a parar la "marea de migrantes". *El Economista.* https:// www.eleconomista.com.mx/empresas/Trump-suspende-aranceles- y-Mexico-se-compromete-a-parar-la-marea-de-migrantes-20190 607-0073.html

Jiménez, A. (3 de marzo de 2020). *Expulsan a migrantes de comunidad de Chiapas.* Milenio estados. https://www.milenio.com/estados/chia pas-habitantes-comunidad-pakal-na-expulsa-migrantes

Lomnitz, C. (1 de mayo de 2020). *El contagio.* Revista Nexos. https:// www.nexos.com.mx/?p=47847

López Recinos, V. (2013). "Desarrollo, migración y seguridad: El caso de la migración hondureña hacia Estados Unidos". *Migración y desarrollo*, 11(21), 65-105. http://www.scielo.org.mx/scielo.php?script=sci_arttext&pid=S1870-75992013000200004&lng=es&tlng=es.

Luna Cuatlapantzi, S. (2019). "¡No es discriminación, es miedo! Desafíos para la asistencia humanitaria desde el albergue "La Sagrada Familia"". *Diarios del Terruño. Reflexiones sobre Migración y Movilidad*, 8, 108-117. https://www.revistadiariosdelterruno.com/luna-cuatlapantzi/

Mariscal, Á. (3 de marzo de 2020). *Migrantes en Palenque, afectados por xenofobia*. Chiapas paralelo. https://www.chiapasparalelo.com/noticias/chiapas/2020/03/migrantes-en-palenque-afectados-por-xenofobia/

Mbembe, A. (2016). *Crítica de la razón negra, ensayo sobre el racismo contemporáneo*. Ned Ediciones.

Oficina del Alto Comisionado de las Naciones Unidas para los Derechos Humanos (2016). *Situación de los migrantes en tránsito*. OACNUDH. https://www.ohchr.org/sites/default/files/Documents/Issues/Migration/StudyMigrants/OHCHR_2016_Report-migrants-transit_SP.pdf

París Pombo, M. D. (2016). "Políticas migratorias restrictivas y violencia institucional contra los migrantes". *Ecuador Debate*, (97), pp. 85-102.

Ramírez-Meda, K. M. y A. T. Moreno-Gutiérrez (2020). "Los albergues para migrantes en México frente al Covid-19: el caso de Mexicali, Baja California", *Huellas de la Migración*, Año 5 No. 10 julio-diciembre, CIEAP/UAEM, pp. 39–59.

REDODEM. (2020). *REDODEM: Julio, entre la pandemia y el servicio a l@s herman@s*. https://redodem.org/boletines/

Sánchez-Montijano, E. y R. Zedillo Ortega (2022). *La complejidad del fenómeno migratorio en México y sus desafíos*. Programa de las Naciones Unidas para el Desarrollo (PNUD).

Organización de las Naciones Unidas (ONU). (s. f.). *Situación de los migrantes en tránsito*. Ohchr.org. https://www.ohchr.org/sites/default/files/2021-12/INT_CMW_INF_7940_S.pdf

Silva Sánchez, V. (20 de julio de 2015). *La securitización de la ayuda humanitaria: efectos, consecuencias y alternativas*. Instituto de Estudios sobre Conflictos y Acción Humanitaria. https://iecah.org/index.php/arti culos/2855-la-securitizacion-de-la-ayuda-humanitaria-efectos-con secuentcias-y-alternativas

Toledo González, M. P. (2021). "Hacer trabajo de campo en lo efímero. Etnografía feminista en la movilidad". *Revista Punto Género*, 16, 219-240. https://revistapuntogenero.uchile.cl/index.php/RPG/article/view/65893

Toledo González, M.P. y Carro Abdala, V. de J. (2021). "Atención humanitaria, cuidado e indolencia de Estado. Tránsitos en tiempos de COVID-19" en: Parra García, H., Carlos Alberto González Zepeda y Mariela Paula Díz. *Boletín Transfronterizo No. 6. Cuando los cuidados interpelan las fronteras. Estrategias por el sostenimiento de la vida de las personas migrantes ante las (in)movilidades en América Latina.* (pp. 46-52). GT Fronteras: movilidades, identidades y comercios, CLACSO.

Toledo González, M. P. y V. de J. Carro Abdala (2021). *Tránsitos precarios en el Altiplano Central Mexicano. Diagnóstico de los flujos centroamericanos por el estado de Tlaxcala.* UATx y Un Mundo, una nación.

Toledo González, M. P., V. de J. Carro Abdala, S. Luna Cuatlapantzi (2021). *Acompañar Esperanzas, Pautas para la atención a los tránsitos precarios.* UATx y Un Mundo, una nación.

Staff (13 de junio de 2019). Malla anti-migrantes en Apizaco es por abusos de los indocumentados. *E-consulta.com* https://www.e-tlaxcala.mx/nota/2019-06-13/apizaco/malla-anti-migrantes-en-apizaco-es-por-abusos-de-los-indocumentados.

Varela Huerta, A. (2019). "México, de "frontera vertical" a "país tapón". Migrantes, deportados, retornados, desplazados internos y solicitantes de asilo en México". Iberoforum. *Revista de Ciencias Sociales de la Universidad Iberoamericana.* Año XIV, (27), enero – junio, 49 – 76.

Capítulo 3

Trabajadoras inmigrantes en el área de la salud en Estados Unidos. Un análisis exploratorio, 2017-2021

Mónica Guadalupe Chávez Elorza y
Luis Manuel Miramontes Cabrera

Resumen

A nivel global existe un déficit de profesionales y técnicos en el área de la salud; específicamente de enfermeras, lo cual repercute en que los países contraten personal inmigrante para solventar esta demanda. Las diferencias salariales y condiciones laborales que ofrecen los países centrales y los países periféricos ocasionan que las enfermeras elijan emigrar a lugares con mejores condiciones, por lo que los países más empobrecidos se queden sin personal en el área de la salud para atender a su población.

Estados Unidos es el país que atrae al mayor número de enfermeras a nivel mundial. Por lo tanto, el objetivo de este capítulo es conocer la importancia que tiene la población inmigrante en las ocupaciones de la salud, diferenciando entre los dos grupos principales: ocupaciones profesionales y técnicas y ocupaciones en el apoyo del cuidado de la salud. Además de presentar las cifras de la *American Community Survey 2017-2021*, se aborda el panorama general de la evolución de la enfermería como profesión; asimismo, se presenta una revisión del acceso a visados especiales para las ocupaciones en el área de la salud, de tal forma que se identifican tanto barreras como facilidades para la población inmigrante en Estados Unidos.

Palabras clave: trabajo de cuidados, enfermeras, Estados Unidos, migración laboral

INTRODUCCIÓN

A nivel mundial, las enfermeras se caracterizan por conformarse como un colectivo numeroso de profesionales, en comparación con otras profesiones sanitarias, así como por ser una profesión con una alta concentración de mujeres. Las enfermeras representan casi el 60 % del total de trabajadores de la salud a nivel mundial (OMS, 2020 como se citó en Socha-Dietrich y Dumont, 2021). Su volumen estimado para 2020 era de 27.9 millones, de las cuales nueve de cada diez son mujeres (Buchan y Catton, 2020). La profesión de enfermería se caracteriza por contar con bajos sueldos, malas condiciones de trabajo, pocas expectativas de desarrollo profesional y poca valorización de su trabajo; especialmente, en países de ingresos bajos y medios (Yeates, 2010).

En relación con las condiciones salariales y laborales de este grupo de trabajadoras, el informe de *Women in Global Health* (2022) señala que, en las ocupaciones sanitarias a nivel global, existen diferencias salariales de género entre mujeres y hombres en favor de estos. Además, que en los países de ingresos altos la diferencia salarial ronda el 26 %, mientras que en los países de ingresos medios altos la diferencia es de 29 % (ambos datos son mayores que el diferencial por género en otros sectores económicos). El informe también muestra que alrededor de seis millones de mujeres llevan a cabo trabajos esenciales en los sistemas sanitarios, y que estos se caracterizan por no ser remunerados, o bien, son mal pagados.

Por su parte, la Organización Mundial de la Salud (OMS) y la Organización Internacional del Trabajo (OIT)[1] argumentan que, pese a la feminización de los empleos sanitarios a nivel mundial, tanto en los países de ingresos altos, como en los de ingresos bajos o medios, existen brechas salariales de género. Por ejemplo, "en el sector de la salud y asistencial oscila aproximadamente entre el 15 % (en el caso de los salarios medios por hora) y el 24 % (en el caso de los salarios mensuales medios)" (OMS y OIT, 2022). Estas brechas se reducen al considerar que las mujeres están sobrerrepresentadas en salarios bajos y los hombres lo están con salarios muy altos. Es así que las características que ayudan a explicar las disparidades son la edad, la educación y la segregación (-3.5 %); no obstante, no aclaran la distancia salarial (22 %) por maternidad (en relación con las

---

1 En este informe se analizan los datos de 54 países, que en total representan aproximadamente el 40 % de las y los trabajadores asalariados del sector sanitario a nivel mundial.

mujeres trabajadoras que son madres y las que no lo son) ni la feminización de los empleos.

Estas condiciones contribuyen al déficit de enfermeras en el mundo, cuya escasez rondó en 5.9 millones de enfermeras en 2018 y será de 5.7 millones para 2030 (OMS, 2020). Además, se estima que una de cada seis enfermeras en el mundo se retirará dentro de los diez próximos años; es decir, se necesita graduar a 4.7 millones de enfermeras para reemplazarlas (Buchan y Catton, 2020, p. 2).

Como ya se mencionó, a nivel global la enfermería se ha constituido a partir de una división del trabajo internacional sexual desigual, donde hay una alta representación de mujeres. Los países más ricos del mundo han resuelto el déficit de estas profesionales a través de la importación de mano de obra proveniente de los países periféricos e, incluso, de algunos países centrales. Datos reveladores al respecto son los del 2020, ya que señalan la existencia de 3.7 millones de enfermeras inmigrantes en el mundo, lo cual equivale a que una de cada ocho enfermeras ejerce la profesión en un país distinto al de origen (OMS, 2020). Los patrones migratorios de las profesionales enfermeras se han caracterizado por ser una "cadena de la enfermería mundial" (Yeates, 2010, p. 473) o por seguir un "patrón de cascada" (Swazilandia et al. 2013, p. 4). Este problema recae en última instancia en los países periféricos, quienes se quedan sin personal para atender las necesidades sanitarias y de cuidados de sus ciudadanos y, ante lo cual, paradójicamente, deben recurrir a la ayuda internacional de personal sanitario. Bajo este esquema de organización de los trabajadores sanitarios a nivel mundial, se puede determinar una breve categorización de los países: los que son favorecidos y aquellos que resultan perjudicados por este fenómeno migratorio.

Para buscar mejores resultados a nivel global, en 2010 la OMS logró que todos los países miembros de la organización signaran el *Global Code Practice on the International Recruitment of Health Personnel* (OMS, 2020), donde se comprometieron a cumplir con ciertas normas y acciones para reducir la dependencia del personal de salud extranjero. Las medidas a implementar fueron las siguientes: prácticas de reclutamiento éticas, acuerdos de cooperación bilaterales, fortalecimiento de sistemas de salud nacionales y aumento de la oferta laboral nacional de trabajadores de la salud. En general, se trató de favorecer a los países más pobres y con altas tasas de emigración de estas trabajadoras.

En este escenario mundial, Estados Unidos sobresale por su continua demanda por trabajadores de la salud provenientes de otras latitudes, especialmente de enfermeras. Este país recibe enfermeras provenientes de trece países de la Organización para la Cooperación y el Desarrollo Económicos (OCDE), mientras que sólo envía enfermeras a Australia y Chile (Socha-Dietrich y Dumont, 2021). Los datos estadísticos de 2020 de la OCDE indicaron que el acervo de enfermeras que trabajaban en Estados Unidos provenía principalmente de Filipinas (105 mil), Canadá (17 mil) e India (16 mil) (OCDE, 2023).

Sin embargo, la manera en que se presentan estos datos sobre trabajadoras que emigran a Estados Unidos esconde las estructuras que organizan y agrupan a las enfermeras inmigrantes según características muy concretas, como son: el país de origen, la tenencia de una certificación o título reconocido en el país para ejercer la enfermería, el dominio del idioma inglés, etc. Esto, además, está articulado con las macrotendencias que determinan la demanda de enfermeras y trabajadoras que apoyan en el cuidado de la salud en el país.

Al respecto, Batalova, Fix y Fernández-Peña (2021) identifican que existe un aumento de la demanda sostenida y de largo plazo de cuidados en casa, debido a que para 2030 los *baby boomers* tendrán 65 años o más, y, por lo tanto, uno de cada cinco estadounidenses estará en edad de retiro. Además, resaltan que existe un envejecimiento de los trabajadores del cuidado de la salud, lo que se traduce en posibles retiros; en 2019, cerca del 20 % de los médicos practicantes, enfermeras registradas y cuidadores de la salud en el hogar tenían de entre 55 y 64 años, en estas edades se encontraba el 10 % de los asistentes médicos. Por último, señalan el aumento de la diversidad étnica de la población, pero con acceso limitado a los servicios de salud en comparación con la población estadunidense blanca, así como poca representación étnica en la fuerza de trabajo y de estudiantes médicos. Para 2019, menos del 13 % de los médicos practicantes eran afroamericanos, hispanos o nativos americanos, en comparación con el 33 % de la población estadounidense blanca. Es así que estas poblaciones demandan que los servicios de salud sean culturalmente seguros.

Por estas razones, el objetivo del presente capítulo es caracterizar el mercado de trabajo que enfrentan las enfermeras inmigrantes que residen en Estados Unidos, con el fin de conocer de manera exploratoria el volumen de estas trabajadoras según su país de origen, ocupación actual, año de llegada, condiciones laborales y salariales y, en cierta medida, el papel que juega la certificación para el ejercicio de la profesión. Para la recolección de información y el análisis se utilizó la base de datos de cinco años de la American Community Survey (ACS, por sus siglas en inglés) 2017-2021 (Ruggles et al., 2023).

Desde 1790 Estados Unidos realiza un censo poblacional cada diez años, y a partir de la presidencia de James Madison (1809-1817), se empezó a recopilar información adicional. Sin embargo, no fue sino hasta el siglo XX que se distinguieron dos formularios: uno corto, con preguntas socio-demográficas básicas, y otro largo, que indagaba características detalladas sobre población y vivienda, pero éste sólo era respondido por un tercio de la población. A partir del año 2000, el censo se aplicó únicamente con base en el formulario corto y con periodicidad de cada diez años, mientras que el formulario largo pasó a ser la ACS, con periodicidad anual (en 2005 se realizó el primer levantamiento) (Departamento de Comercio de los Estados Unidos, 2019).

La ACS recopila información durante todo el año y la Oficina del Censo Estadounidense publica estimaciones de esta información de manera anual, trienal, quinquenal y suplementaria anual.[2] La base de datos de 2017-2021 reúne datos de sesenta meses provenientes de todas las áreas encuestadas (Departamento de Comercio de los Estados Unidos, 2019), por lo que se trata de estimaciones de un periodo de tiempo que permiten incrementar la confiabilidad estadística para aquellas áreas menos pobladas, así como para poblaciones pequeñas o subgrupos poblacionales, como es el caso de la población inmigrante (United States Census Bureau, 2023).[3]

Para el manejo de los datos y la construcción de indicadores, el análisis distingue dos grandes grupos: las ocupaciones profesionales de la salud y técnicas, y las ocupaciones de apoyo en el cuidado de la salud. La distin-

---

2   La estimación quinquenal se inició en 2010 con la publicación de la ACS 2005-2009; la estimación suplementaria se publicó en 2016 y se han descontinuado las estimaciones de cada tres años. (Departamento del Comercio de los Estados Unidos, 2019).

3   En la ACS se muestrea en función de dos tipos de unidades: las viviendas y los residentes de instalaciones de alojamientos grupales. En general, la muestra se compone de alrededor de 3.5 millones de unidades de vivienda (Redistricting Data Hub, 2023).

ción entre estos descansa en el nivel de estudios requerido (licenciatura o más en las primeras y nivel preparatoria o más en el segundo caso), así como en la existencia de una certificación o título otorgado por las instituciones que avalan el ejercicio de la profesión válidas en el país (en el caso de las primeras).

Como se trata de un análisis de tipo exploratorio, la muestra se restringe a los trabajadores de dieciséis años o más, ocupados en áreas de la salud y que no se encuentren recluidos en alguna institución, sean prisiones o instituciones de salud. En algunas tablas y figuras se considera específicamente a las mujeres.

En este capítulo se parte de la hipótesis de que algunas trabajadoras inmigrantes ocupadas en el área de la salud pueden contar con estudios terciarios, pero existen barreras que les impiden acceder a las ocupaciones profesionales, teniéndose que emplear en las ocupaciones de apoyo a la salud, las cuales exhiben menores salarios. Estas barreras pueden ser de varios tipos: bajo dominio del idioma inglés, no ser ciudadana estadounidense y no contar con estudios de licenciatura (presumiblemente en el país de origen). Este fenómeno resulta considerablemente favorable a las funciones y obligaciones del Estado, ya que, a partir de la captación de este tipo de trabajadoras de la salud, se satisfacen las necesidades de su población a costos accesibles.

El capítulo se estructura en tres secciones. En la primera, se presentan las tendencias migratorias de las enfermeras a nivel mundial y se identifican los impactos para los países de origen y destino. En la segunda sección se hace un breve recuento histórico de la profesionalización de la enfermería y, desde la sociología de las profesiones, su categorización como tal; asimismo, se liga con el rol que juegan los entes reguladores de las profesiones y la política migratoria en la atracción de las enfermeras a Estados Unidos. En la tercera sección se caracterizan los dos grandes grupos ocupacionales en el área de la salud, usando los datos de la ACS 2017-2021. Por último, se presentan las conclusiones.

Migración de enfermeras en el mundo: cadena global de cuidados

A nivel mundial existe una escasez de trabajadores de la salud, tanto de enfermeras como de médicos, la cual ha sido documentada ampliamente (OMS, 2020 y Socha-Dietrich y Dumont, 2021). El déficit de enfermeras persiste pese a las políticas que impulsan la formación de este personal (promovidas principalmente por la OMS); sin embargo, esta oferta no ha logrado emparejar la demanda de estas profesionales (OMS, 2020; Yeates, 2010).

A nivel laboral, en la enfermería persisten bajos salarios, malas condiciones de trabajo y escasas o deficientes oportunidades de ascenso. Esto agudiza la escasez de trabajadoras, puesto que muchas eligen ejercer otras ocupaciones con mejores ofertas salariales o laborales, o bien deciden emigrar (Yeates, 2010). Esto, obviamente, es más concurrente en el caso de países periféricos.

Las cifras indican que para el año 2000, en los países miembros de la OCDE, existían cerca de 7.4 enfermeras por cada mil habitantes en promedio; para 2018, este promedio aumentó a nueve (Socha-Dietrich & Dumont, 2021). De aquí se desprende la importancia que juega la inmigración de estas trabajadoras, principalmente en los países centrales.

El total de enfermeras tuvo un aumento del 50 % entre los periodos 2000-2001 y 2015-2016 entre los países de la OCDE. En general, el porcentaje promedio de enfermeras extranjeras se incrementó alrededor de cinco puntos porcentuales, pasando de 11 a 16 %. Las cifras indican que Estados Unidos atrae al 45 % del total de enfermeras nacidas en otras latitudes[4], mientras que Alemania atrae al 15 % y Reino Unido al 11 % (Socha-Dietrich & Dumont, 2021).

En cuanto a los países de origen de estas enfermeras, se aprecian países del sur y norte globales. Por ejemplo, datos de 2017 y 2018 indican que los siguientes cinco países ocupan los primeros puestos en cuanto a enfermeras emigrantes: Filipinas (237 700), India (87 821), Polonia (70 323), Reino Unido (47 247) y Nigeria (42 087) (Socha-Dietrich & Dumont, 2021).

Los países expulsores no sólo pierden la inversión en educación pública, sino también el potencial de estas trabajadoras en lo intelectual y sus correlaciones con el resto de la infraestructura para mejorar los indicadores de salud de su población. Pese a ello, algunos países, como Filipinas, basan su proyecto de desarrollo nacional en la exportación de enfermeras, esperando contar con el flujo de remesas internacionales a cambio (Yeates,

---

4   En 2015, Estados Unidos se destacó por tener el número más alto de enfermeras formadas en otros países (200 mil).

2010). También está el caso de países del Caribe, Irlanda e incluso Australia, que han creado una nueva industria de exportación: escuelas para profesionales de la salud (Grignon et al., 2013). Vale señalar que los países del Caribe crearon en 1972 el Organismo Regional de Enfermería, que permite homologar las certificaciones en la región, de modo tal que la persona que requiera de una acreditación de prestigio, presenta un examen estandarizado que mide los conocimientos y habilidades necesarias para ejercer la profesión, lo cual promueve, en primera instancia, la movilidad intrarregional (OMS, 2020).

La inmigración de enfermeras representa muchos beneficios para los países receptores. En primer lugar, se ahorran tanto el tiempo de formación de una enfermera (que en las Américas es de tres años en promedio) (OMS, 2020) como los costos, pues es más asequible contratar una enfermera inmigrante que a una enfermera egresada en el propio país, incluso ya considerados los costos de las agencias colocadoras (Yeates, 2010).

En segundo lugar, la migración internacional de enfermeras refleja las condiciones de desigualdad económica y poder asimétrico entre los países receptores y de origen, formando una "cadena de la enfermería mundial" (Yeates, 2010, p. 473). Esta cadena sigue patrones de migración de países pobres a ricos, o bien, de periferias hacia los centros. Bajo esta dinámica, Estados Unidos recibe enfermeras de Canadá, Canadá del Reino Unido y éste a su vez de Sudáfrica, quien en última instancia importa enfermeras de Swazilandia[5]. Grignon et al. (2013, p. 4) señalan que esto ocurre también entre los países de la OCDE siguiendo un "patrón de cascada", en donde Estados Unidos destaca por encontrarse en los polos extremos de la cadena: en el fondo, respecto a la emigración de médicos, y en el ápice, por ser el principal receptor de inmigrantes enfermeras.

---

5   Vale recordar que dentro de un país (central o periférico) puede haber periferias y centros. Esto puede explicar que en las zonas rurales no haya personal médico y de enfermería, dado que las personas eligen vivir en los centros, en donde hay mejores salarios y condiciones de vida.

Figura 1. Funcionamiento en cascada de la proveeduría de enfermeras a nivel global, 2020[6]

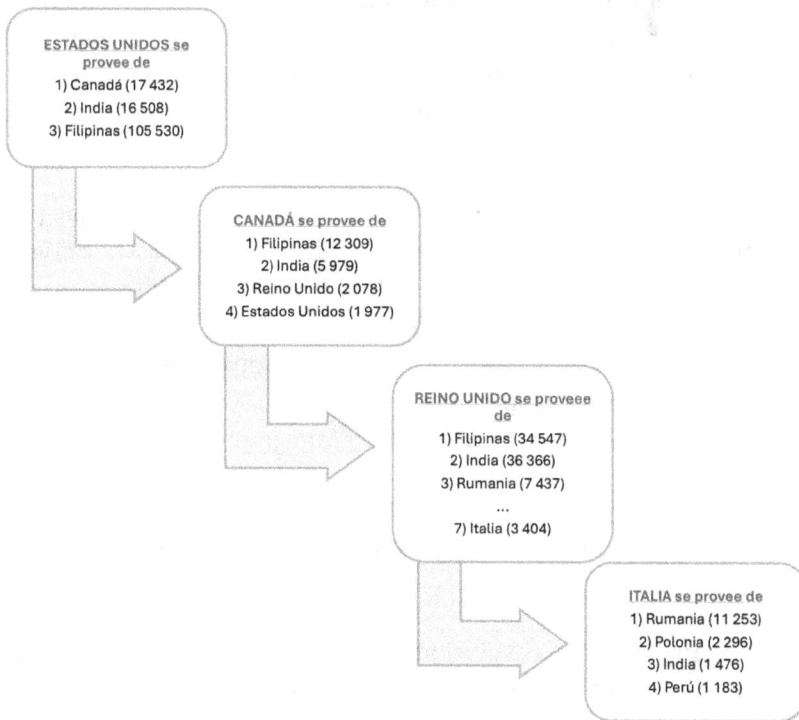

Fuente: Elaboración propia con base en los datos del Acervo de Enfermeras Formadas en el Exterior de la OCDE (2023).

De acuerdo con Yates (2010), el problema de la cadena global de cuidados es que cuando un país está en el extremo de ésta no es posible recurrir a otros países para solventar los déficits de aquellas trabajadoras que han emigrado; en el ejemplo de la Figura 1, éste sería el caso del Perú. Es así que el déficit de enfermeras en el mundo se ha trasladado de manera aguda a los países más empobrecidos, lo cual se asocia con altas tasas de mortalidad, discapacidad y movilidad en los países de origen.

Yates (2010) propone que la migración de enfermeras siga tres criterios para que sea sostenible y equitativa. En primer lugar, el mejoramiento de los salarios y las condiciones laborales, así como el aumento de sus perspectivas de desarrollo profesional y seguridad personal en los países de

---

6   No es un listado exhaustivo de países, sino solo un ejemplo que enfatiza la manera en la que opera el sistema en cascada.

origen. En segundo lugar, el establecimiento de acuerdos que favorezcan la coordinación entre los países de destino y los de origen, para que las trabajadoras emigren con mejores condiciones laborales y salariales (a su vez, brindar apoyos para que puedan retornar a sus países de origen). Finalmente, la retribución monetaria de los países destino para con los sistemas de salud o educativos de los países de origen, para hacer frente al déficit de este personal sanitario.

Más recientemente, la OMS (2020) ha recomendado políticas que promuevan que las trabajadoras de la salud se queden en sus países de origen, a través de buscar el mejoramiento del entorno laboral y los sistemas de remuneración; fomentar la certificación regional con acuerdos de reconocimiento mutuo de las cualificaciones del personal de enfermería; mitigar las condiciones que impulsan la emigración; y refrendar el Código de Ética en la contratación de trabajadores inmigrantes, diseñada en 2010 por la propia OMS.

PANORAMA GENERAL DE LA EVOLUCIÓN DE LA ENFERMERÍA COMO PROFESIÓN

Es importante explicar la evolución de la enfermería como profesión antes de analizar el rol del Estado y de sus instituciones en la regulación de la provisión de servicios que los profesionistas del cuidado de la salud brindan en un país. Esto, debido a que los servicios mal provistos pueden impactar de manera negativa en la recuperación de salud de las personas.

La evolución de la enfermería como profesión, desde una perspectiva cronológica, se puede comprender en cuatro etapas (Achury Saldaña, 2006 y Matesanz, 2016 como se citó en Moreno Sánchez et al., 2017): 1) la doméstica, que contempla sociedades como Babilonia, el pueblo hebreo, Egipto, sociedades de Grecia y Roma, India, China y el continente americano; 2) la vocacional, que se ubica a partir del nacimiento de la religión cristiana y su propagación, hasta finales de la edad media; 3) la técnica, que inicia a partir de la edad moderna, ubicada con la caída de Constantinopla en 1453 a manos de los turcos, y que supone el paso por el Renacimiento (siglo XVI), el Barroco (siglo XVII) y la Ilustración (siglo XVIII) (Lozano, 2013, como se citó en Moreno Sánchez et al., 2017); y 4) la profesional, que se considera inició a partir del siglo XX (de Dios-Aguado et al., 2021).

La etapa doméstica se sustenta en la idea de que las mujeres poseen de manera innata habilidades para cuidar de los otros, y que esto está relacionado con la experiencia de parir, lactar, alimentar, etc., a sus hijas e hijos (Achury Saldaña, 2006). En tanto que las mujeres son las que asumen los cuidados en los hogares, en sus inicios las actividades relacionadas con la enfermería no se realizaban como una profesión, sino como el simple ejercicio práctico de cuidar, desde una visión esencialista ligada al hecho de ser madres.

En esta época, las enfermedades se consideraban como un castigo, por lo que los enfermos eran desterrados y las madres se encargaban de su cuidado. En ocasiones, se solía acudir a chamanes, brujos o curanderos, quienes aplicaban tratamientos basados en la magia, adivinación o brujería (Moreno Sánchez et. al., 2017). Como se puede apreciar en la Tabla 1, los conocimientos sobre el origen, cuidado y tratamiento de las enfermedades evolucionaron en las sociedades de manera diferenciada.

Tabla 1. Conocimientos del tratamiento de las enfermedades y personas enfermas durante la etapa doméstica de la evolución de la enfermería

Sociedades	Aportaciones o descubrimientos en el desarrollo del tratamiento de enfermedades
Babilonia	Las enfermedades eran consideradas castigos divinos. Se escribió el código de Hammurabi, que contenía leyes para fomentar el bienestar en la sociedad. El método para determinar y curar una enfermedad constaba de dos pasos: el diagnóstico a través de preguntas y el tratamiento, que dependía del pecado cometido por el enfermo.
Pueblo hebreo	La enfermedad era considerada como un estado de impureza del espíritu. La salud pública estaba en manos de los sacerdotes, quienes eran intermediarios entre Jehová y la persona enferma. La Ley Mosaica contenía las normas de higiene requeridas en un centro de cuidado. Desarrollo de las xenodochias: hospitales financiados por un sistema de recaudación para atender a los forasteros cuyo objetivo era proveer para el cuidado de los enfermos.

Egipto	Fabricación de infraestructura para contar con sistemas de higiene adecuados: acueductos y desagüe, así como inspectores sanitarios.
	Se creó el hospital Hieron de Epidauros, a cargo de sacerdotes que debían atender y curar a las personas enfermas.
	Uso de remedios para curar enfermedades.
Grecia y Roma	En Grecia se creó un método para diagnosticar, conocido hoy en día como historia clínica de la persona.
	En Roma se enfocaron en las guerras, así que quienes cuidaban eran los esclavos, únicos autorizados para tocar el cuerpo de los enfermos.
	No hubo avance en cuanto al tratamiento de las enfermedades.
India	Los médicos cuidaban a los enfermos y los medicamentos eran proporcionados por el ayudante del médico.
	Fueron los primeros médicos cirujanos en extraer amígdalas, realizar amputaciones y cesáreas.
	Contaron con dos libros: el Sushruta, que trataba del aspecto quirúrgico en la medicina hindú, y el Charaka, que tenía que ver con el aspecto médico.
China	La enfermedad se concebía como el desequilibrio entre dos energías contrapuestas: el yin (oscuro, negativo y femenino) y el yang (claro, positivo y masculino).
	No se realizaban disecciones, por lo que sus conocimientos se basaban en la especulación.
	Los tratamientos consistían en infusiones, curaciones, masajes y hierbas.
Continente americano	Las enfermedades se atribuían a un desequilibrio entre lo natural, la persona y lo sobrenatural.
	Los brujos y los sacerdotes sanaban a las personas en ceremonias o rituales, con tratamientos a base de hierbas, métodos quirúrgicos y el uso de la magia.

Fuente: Elaboración propia con base en Moreno Sánchez et al. (2017).

La etapa vocacional está caracterizada por las creencias cristianas que promovieron la idea de que los cuidados deben darse desde la caridad, el amor y el desinterés, e implican autosacrificio, obediencia, humildad, etc. En esta época, las mujeres pasaron de realizar actividades que dan poder como sanadoras a brindar únicamente cuidados que, ejercidos desde la vocación, no merecían retribución (Buitrago M., 2009 y Achury Saldaña, 2006). Así, "el calificativo vocacional se asocia con el nacimiento de la religión cristiana: el enfermo, el que sufre, es un elegido de Dios y quien lo cuida también se consagra a él" (Tejedor y Etxabe, 2007, como se citó en Moreno Sánchez et. al., 2017, p. 72).

En las nuevas comunidades cristianas, los diáconos y las diaconisas se dedicaban a cuidar de los enfermos. Los diáconos acudían a las prisiones y socorrían a las familias si moría el preso, mientras que las diaconisas visitaban a los pobres para dar limosnas; eran mujeres con experiencia en el cuidado de otros y su pertenencia al clero las hacía respetables. En esta época, se reconoce a Febe como la primera enfermera que realizó visitas a los enfermos en sus hogares; ella no sólo atendía enfermos, sino que también proporcionaba cuidados espirituales, además de que participaba en bautizos por inmersión y ungía el aceite en apoyo al diácono (Quintero, 2001, como se citó en Moreno Sánchez et al., 2017).

Las mujeres consagradas estaban destinadas a cuidar de los otros por encima del bienestar propio. Al considerar que realizar estos servicios de cuidado era lo que Dios esperaba de ellas, no recibían ninguna retribución. Este estado de consagración hizo que las mujeres perdieran su individualidad, puesto que debían rechazar su cuerpo y abandonarse, para entonces poder dedicarse al cuidado de los otros (Achury Saldaña, 2006).

Otro cambio importante en esta etapa es la creación de los xenodoquios, hospitales primitivos, los cuales surgieron para recibir a las personas enfermas, dado que las casas de los diáconos se hicieron insuficientes para cuidar a todos los que lo necesitaban. Poco a poco extendieron su atención a personas sin hogar, tales como huérfanos, ancianos y pobres (Moreno Sánchez et al., 2017).

Con la implantación de la religión católica también surgió una nueva manera de concebir los conocimientos que poseían las mujeres, pasados de generación en generación de manera oral, así como su participación en el proceso salud-enfermedad. Antes, ellas podían ayudar a sanar, ya sea por experiencia o porque tenían conocimientos de plantas o hierbas. Torres

(2006, como se citó en Moreno Sánchez et. al., 2017) señala que las mujeres eran vistas como un riesgo para la Iglesia porque consideraban que, si adquirían y desarrollaban el conocimiento, se alejarían de Dios. La caza de brujas, como menciona Federici (2010) supuso la expulsión y persecución de curanderas de los pueblos, en donde:

> Se expropió a las mujeres de un patrimonio de saber empírico, en relación con las hierbas y los remedios curativos, que habían acumulado y transmitido de generación en generación, una pérdida que allanó el camino para una nueva forma de cercamiento: el ascenso de la medicina profesional (Federici, 2020, p. 278).

En la etapa técnica no hubo grandes avances en cuanto al cuidado de los enfermos y los tratamientos; no obstante, ésta se caracterizó por la separación entre la Iglesia y el Estado. Durante el Renacimiento, la atención se centró en la posición social y no en el cuidado de los enfermos; en el Barroco, lo importante fue lo artístico; y para el periodo de la Ilustración, lo relevante fue el desarrollo de la literatura y el arte. (Moreno Sánchez et al., 2017).

El abandono de las sociedades a la importancia de la higiene y de los cuidados de los enfermos trajo consigo problemas y enfermedades sociales, lo cual implicó la búsqueda de soluciones en pro del bienestar de las personas, de manera que los cuidados y la enfermería retomaron su importancia (Moreno Sánchez et al., 2017). Con estas motivaciones se impulsaron otras ciencias como la química y la física. Además, surgió la idea de que el médico debía ser apoyado por la enfermera, quien sería una "servidora ideal que debe poseer alma de jefe con sentido de observación, agudeza psicológica, disciplina y corazón sensible" (Achury Saldaña, 2006, p. 12).

La enfermera, entonces, no sólo debía servir a las instituciones y a los médicos, sino también a los pacientes. Este pensamiento influyó en la separación del reconocimiento social entre médico y enfermera: ellos como maestros y ellas como agentes de información y ejecución, que sólo debían cumplir con las actividades asignadas (Achury Saldaña, 2006).

Así, el sistema de valores alrededor de la concepción de la figura de la enfermera entró en crisis. Por un lado, aún estaba la idea de la etapa vocacional, que concebía a las enfermeras como maternales y abnegadas pero, por otro lado, los médicos requerían de enfermeras especializadas en

Tabla 2. Tratamiento de las enfermedades y personas enfermas durante la etapa vocacional en la evolución de la enfermería

Época	Características sobre el tratamiento de enfermedades y personas cuidadoras
Edad Media	La actividad de los cuidados de la enfermedad y de la espiritualidad era ejercida por personas de la nobleza y no se esperaba ninguna retribución o pago. Los hospitales funcionaban como instituciones de índole más espiritual que médica. Las mujeres descendieron en su posición social dentro de la sociedad feudalista.
Órdenes militares de caballeros hospitalarios	Surgimiento de órdenes hospitalarias dedicadas al cuidado, las cuales se dirigían a Jerusalén para atender a sus enfermos. La atención a los enfermos era realizada por los religiosos; los caballeros eran quienes iban a los enfrentamientos bélicos.
Órdenes mendicantes	Debido a la corrupción de los miembros de la Iglesia, muchos hombres y mujeres decidieron retomar los valores cristianos y volvieron a los monasterios a vivir de limosnas. La orden de franciscanos y clarisas, fundada por Francisco de Asís, cuidaba a los enfermos, tanto en los padecimientos físicos como espirituales.
Órdenes seglares	Las mujeres reemplazaron a las diaconisas en la provisión de cuidados. Se identifica a las terciarias dominicas, franciscanas y las beguinas.
Órdenes religiosas	La Iglesia obligó a las mujeres y hombres a tomar votos religiosos perpetuos. La Iglesia ordenó cerrar los hospitales de los monasterios porque los cuidados distraían el ejercicio de la oración.

Fuente: Elaboración propia con base en Moreno Sánchez et al. (2017).

técnicas curativas, y no tanto en el cuidado de los enfermos como personas (Chamorro, 2015, como se citó en Moreno Sánchez et al., 2017). Esto dio paso a que se visualizara a las enfermeras como asistentes de los médicos y dependientes de ellos para realizar cualquier actividad; es decir, se consideró necesaria su tecnificación, pero no se les dio autonomía para el desempeño de sus actividades.

La edad moderna terminó con la Revolución Francesa (1789-1799). En los años posteriores, la población creció porque disminuyó la muerte infantil y las tasas de natalidad aumentaron. Esto, junto con el avance de las ciencias físicas y biológicas, hizo necesario la creación de estándares para el manejo de los procesos de salud-enfermedad (Chamorro, 2015, como se citó en Moreno Sánchez et al., 2017).

De Dios-Aguado et. al. (2021) identifican algunos acontecimientos sociales, económicos e históricos que dieron la pauta a que los cuidados evolucionaran a lo que hoy se conoce como la profesión de enfermería; por ejemplo, la migración de las zonas rurales a las urbanas, así como los procesos de industrialización, crearon la necesidad de atender a las personas mientras recuperaban la salud. Adicionalmente, en el siglo XX los descubrimientos de los agentes etiológicos como causantes de enfermedades infecciosas, dio paso a que la disciplina médica avanzara en la formulación de teorías, lo cual fomentó la aparición de escuelas técnicas de formación de enfermería (Chamorro, 2015, como se citó en Moreno Sánchez et al., 2017).

Para Chamorro (2015), el ejercicio de la enfermería como una actividad empírica y vocacional termina con Florence Nightingale, a quien considera como la pionera en la profesionalización de la enfermería (como se citó en Moreno Sánchez et al., 2017). Nightingale asistió a los soldados heridos durante la Guerra de Crimea, lo que le permitió darse cuenta de la ausencia de hospitales y de la falta de medidas de higiene en la atención a los heridos, así como de la necesidad de más de personal (Achury Saldaña, 2006). Esto hizo que, en 1860, Florence Nightingale instaurara una escuela de enfermería para mujeres en el Hospital Saint Thomas en Londres.

No obstante, para de Dios-Aguado et al. (2021) la escuela de Nightingale se sustentó en ideas religiosas, de modo que el simbolismo de ingreso que requería se asemejaba al que se pedía para aceptar un noviciado en una congregación católica. Por tanto, estos autores consideran que Nightingale promovió aún más que la enfermería se relacionara con las mujeres y con las virtudes o valores considerados femeninos, tales como la abnegación, la compasión, el heroísmo y el sacrificio. La incorporación de estos valores no permitió que la enfermería tuviese reconocimiento social ni pagos acordes.

A través de su escuela, Florance Nightingale promovió la idea del oficio de enfermería como una vocación. Además, jerarquizó el trabajo, haciendo una división entre aquel que consistía en el contacto directo con los pacientes y el manejo de fluidos (reservado para las mujeres de origen proletario), y el reservado para las actividades de gestión y supervisión de los hospitales (designado a las mujeres de origen burgués) (de Dios-Aguado et. al., 2021). Entonces, si bien Chamorro (2015, como se citó en Moreno Sánchez et al., 2017) considera que la escuela de Nightingale permitió que las enfermeras se libraran de que los médicos varones les dieran órdenes, de acuerdo con de Dios-Aguado et al., (2021), esta escuela no estuvo ajena a la división y jerarquización social y de clase que marcaba las actividades que realizaban las mujeres proletarias y las burguesas, ni tampoco de la enseñanza de valores morales durante la etapa vocacional.

Achury Saldaña (2006) relaciona la etapa profesional con las propuestas de Ethel Bedford-Fenwick (1857-1947), quien no sólo formuló elementos para estandarizar y regular la profesión, sino que también propuso mejorar los pagos y las jornadas laborales, así como erradicar la idea de que la enfermera sólo debe cumplir órdenes. A principios del siglo XX, Bedford-Fenwick planteó la necesidad de que la enfermería tuviera reconocimiento social, lo cual sólo podía lograrse llevando a cabo las siguientes pautas: la estandarización de los conocimientos de las enfermeras a través de una formación de tres años, con un plan curricular único a nivel nacional y un examen final; su licenciamiento por parte del Estado para proveer servicios de cuidado, a través de un registro profesional de enfermeras (lo que además podría evitar la explotación por parte de médicos o administradores); y la regulación de jornadas laborales, días de descanso y obtención de mejores pagos (Buitrago M., 2009; Zambrano Plata, 2003).

A inicios del siglo XX, los heridos de la Primera y Segunda Guerra Mundial demandaron servicios de cuidado de una manera holística. De hecho, la Cruz Roja, a nivel internacional, promovió este tipo de atención a los heridos e impulsó la incorporación de las mujeres en los hospitales. Siguiendo a Urra (2009, como se citó en Moreno Sánchez et al., 2017), en Estados Unidos, en la década de los cincuenta, surgió el planteamiento de que la enfermería, como disciplina y profesión, debía explicitar su propio conocimiento con bases teóricas, por lo que es a partir de entonces que emergieron nuevos modelos conceptuales.

De acuerdo con Moreno Sánchez et al. (2017), entre los modelos conceptuales que resultaron importantes para la consolidación de la enfermería destacan los siguientes: el libro sobre relaciones interpersonales de Hildegard E. Peplau (considerada como la madre de la enfermería psiquiátrica), que propone cuatro fases de la relación enfermera-paciente: orientación, identificación, explotación y resolución (Arredondo-González y Siles-González, 2009); el modelo basado en el método de solución de problemas para la enfermería, de Virginia Henderson (1897-1996); la teoría de tipología de los problemas de enfermería, de Faye Glenn Abdellah (1919–2017), que permite estructurar el corpus de conocimiento y habilidades de la enfermería; y el modelo del sistema conductual de Dorothy Johnson (1919–1999), que busca reducir el estrés que experimenta el paciente para poder recuperarse rápidamente.

Como se ha visto, la enfermería surgió con la idea de que las mujeres, por naturaleza, debían proveer los servicios de cuidados. Este pensamiento no sólo es esencialista, sino erróneo, dado que los trabajos de cuidados deben ser provistos no sólo por las mujeres, sino también por los hombres, otros miembros de la familia, la sociedad y el propio Estado. Asimismo, se pudo observar que ideas tales como el abandono de sí para cuidar a otros se propusieron desde una apreciación basada en valores cristianos, en donde no se establecen límites del cuidado; no obstante, estos no deberían suponer el compromiso del bienestar de la persona cuidadora. Por último, si bien el tránsito de la enfermería de una mera actividad cuidadora ha evolucionado hacia una profesional, aún persiste la alta representación de mujeres, lo que puede implicar sesgos androcéntricos, tanto en la valoración de la profesión como en el salario y las condiciones laborales.

Barreras de los entes reguladores de las profesiones de salud

La evolución de la enfermería también se puede analizar desde la perspectiva de la sociología de las profesiones. Tomando como base la propuesta que Wilenski elaboró en 1964, Hernández Martín et al. (1997) identifican cinco etapas de la profesionalización de la enfermería. Es así que en la emergencia del grupo ocupacional se considera que el surgimiento de la enfermería estuvo ligado a su concepción como un trabajo manual y a que, tanto quienes la desempeñaban como quienes recibían sus servicios, tenían un escaso nivel social, lo cual ha ido cambiando hasta la actualidad. Después, se establecieron manuales para la enseñanza de la profesión, pero no resultó claro cómo empatar las distintas funciones de docencia, investigación, administración y de atención a los pacientes. Luego, se formaron asociaciones que aún existen, pero no ha quedado eliminado del todo la subordinación de la profesión a la de los médicos. Cabe decir que la existencia de las asociaciones y de los códigos éticos coadyuvan a darle el sentido de profesión a la enfermería. (Hernández Martín et. al., 1997) (ver Tabla 3).

Ahora bien, al retomar la idea de que la regulación de las profesiones impacta también en las migraciones, en cuanto a la decisión de qué personas entran al país y ejercen su profesión, es de destacar que las trayectorias laborales y migratorias de las enfermeras se rigen por elementos relacionados con lo que sostiene la visión clásica de las teorías de las profesiones: la autonomía de la propia profesión, las certificaciones y sus procesos y el cierre social de los mercados de trabajo (Hualde Alfaro y Rosales Martínez, 2017).

Es así que los profesionistas pueden tener cierta independencia proveniente de sus conocimientos especializados, pues esto les da certeza laboral. Dicha autonomía se puede ver erosionada en la medida en que los profesionistas se incorporan al trabajo de manera asalariada. Por su parte, las certificaciones forman parte del andamiaje jurídico-institucional elaborado por el Estado y brindan legitimidad a dichos profesionistas; éstas son promovidas por universidades, colegios, asociaciones, entre otros. Mientras, el cierre social del mercado de trabajo depende de la capacidad de la profesión (y de los profesionales) para crear el monopolio del ejercicio de su profesión en el país (Hualde Alfaro y Rosales Martínez, 2017).

Respecto a esta última, desde una perspectiva económica, Grignon et al. (2013) sostienen que en los mercados de la salud existe información asimétrica y que los servicios de salud no están estandarizados, de ahí que exista la necesidad de crear entes reguladores por parte del gobierno, que usualmente se delegan a colegios de profesionistas. Estos colegios actúan como barreras ante la migración internacional de profesionistas, dado que no sólo buscan verificar las credenciales de los trabajadores, sino crear un monopolio para los trabajadores nativos.

Tabla 3. Fases de la profesionalización de la enfermería desde la sociología de las profesiones

Primera etapa: emergencia de un grupo ocupacional	Surgimiento de un grupo ocupacional que debe proveer trabajos no manuales; colaborar con otras profesiones establecidas, pero no en subordinación; y contar con reconocimiento del estatus social por parte de la clientela y los discípulos.
Segunda etapa: establecimiento de procedimientos institucionalizados de selección y formación de candidatos para la profesión	La transición de la enfermería medieval a la moderna implica la creación y expansión de congregaciones destinadas exclusivamente a la prestación de cuidados. Composición de manuales escritos por y para enfermeras. Desarrollo de las funciones básicas de la enfermería. La enfermería se constituyó como un campo de estudio en las universidades.
Tercera etapa: formación de una asociación profesional	Para el desarrollo de la profesión se crearon modelos y normas que definieran las funciones ocupacionales; asimismo, se establecieron relaciones con grupos competitivos que ofrecieran servicios similares. Esto en general se hizo a través de la creación de colegios.
Cuarta etapa: reconocimiento público y apoyo legal	La autorregulación de los quehaceres profesionales no es suficiente a través de las asociaciones, por lo que es necesaria una legitimación social y legal. La legitimación legal se logra a través de la institucionalización de planes y programas de estudio de enfermería.
Quinta etapa: Elaboración de un código formal de ética de deberes profesionales	Se estableció un código de ética sobre las obligaciones profesionales; por ejemplo, la universalidad, la neutralidad afectiva y la orientación a la colectividad. El código de ética funciona como un mecanismo de autocontrol profesional.

Fuente: Elaboración propia con base en Hernández Martín et al. (1997).

En Estados Unidos ciertas certificaciones son una precondición para acceder a una visa para trabajadores especializados o profesionales, llamada EB-3 (inmigración basada en empleo, tercera preferencia). Esta certificación debe ser acreditada por una organización avalada por el Servicio de Ciudadanía e Inmigración de los Estados Unidos (USCIS, por sus siglas en inglés) (United States Citizenship and Immigration Services, 2023), entre las que se encuentran:

- La Comisión de Graduados de Escuelas de Salud Extranjeros (CG-FNS, por sus siglas en inglés), facultada para expedir certificaciones para diez ocupaciones de cuidado de la salud; entre ellas, enfermeras registradas y enfermeras psiquiátricas registradas (Commission on Graduates of Foreign Nursing Schools, 2023).

- La Junta Nacional para Certificación de Terapia Ocupacional (NBCOT, por sus siglas en inglés), autorizada para expedir certificaciones a terapistas ocupacionales.

- La Comisión de Acreditación Extranjera de Terapia Física (FCCPT, por sus siglas en inglés), facultada para expedir certificaciones a terapistas físicos.

- Josef Silny & Associates, Inc., autorizada para expedir certificaciones a las y los enfermeros.

En términos generales, la certificación se encarga de verificar que la persona extranjera cuente con educación, experiencia, entrenamiento y licencia en el cuidado de la salud, así como el nivel necesario de competencia en el idioma inglés (hablado y escrito), y la acreditación de una prueba predictiva para el licenciamiento de la profesión.

POLÍTICA MIGRATORIA: VISAS ESPECIALES PARA LOS TRABAJADORES EN ÁREAS DE LA SALUD

Las condiciones de trabajo y de vida ofrecidas en ciertos países de la OCDE explican por qué una gran cantidad de enfermeras eligen estos lugares como destino. Por ejemplo, muchos países ofrecen derechos de protección social, permisos de estancia o residencia que les permiten establecerse, adquirir vivienda, formar una familia y, en última instancia, la obtención de la ciudadanía (Yeates, 2010). Es decir, existe una política migratoria específica de los gobiernos receptores que da prioridad de entrada al país a los trabajadores de la salud. Según Grignon et al. (2013), este tipo de migración es promovida por los países centrales y receptores como un mecanismo para gestionar la escasez del personal de salud en el corto plazo. Ello, debido a que la formación de nuevos cuadros de profesionales lleva al menos siete años en concretarse.

Aún más, la literatura indica que países como Australia, Canadá, Nueva Zelanda y Estados Unidos utilizan la inmigración de trabajadores de la salud para llevar estos servicios a las áreas rurales y remotas del país. Sin embargo, los migrantes tienden a moverse a ciudades más grandes y con mayor densidad de médicos; por lo tanto, la necesidad de nuevos profesionales de la salud es constante (Grignon et al., 2013).

Otro factor importante que caracteriza a los inmigrantes en áreas de la salud es que suelen tener trabajos con los turnos menos deseables (horas del día/ semana); al menos, esto sucede en la fase de llegada al país de acogida (Grignon et al., 2013).

Con la crisis sanitaria derivada de la pandemia de COVID-19, en Estados Unidos algunos estados echaron a andar ciertas políticas para permitir que más enfermeras y médicos inmigrantes apoyaran a la atención de pacientes contagiados con el virus Sars-Cov 2. Se estimaba que para 2019 había 270 mil inmigrantes y refugiados en áreas de la salud, ya sea subempleados o desempleados; sin embargo, no se logró incorporar adecuadamente a esta población, dado que las regulaciones no se flexibilizaron hasta el punto de permitirlo (Batalova et al., 2021).

De igual manera, la iniciativa *Health Care Workforce Resilience Act* (2021a; 2021b) fue introducida en el Congreso de los Estados Unidos en dos ocasiones. Su objetivo era brindar visas para trabajadores de la salud a través de las visas de trabajo no utilizadas de los años fiscales 1992-2020. Del total de 40 mil visas, 25 mil serían destinadas a enfermeras y 15 mil para médicos, con el objetivo de enfrentar la escasez de personal, agudizada por la pandemia de COVID-19. Esta iniciativa incluyó la posibilidad de otorgar una visa para un familiar acompañante del trabajador. Estas iniciativas no trascendieron ni llegaron a ser discutidas en el pleno, pese a que la *American Hospital Association* respaldó la iniciativa para que se pudieran apoyar a hospitales con déficits de trabajadores (Shaffer et al., 2022).

La iniciativa *Professional's Access To Health Workforce Integration Act* (2015) buscó la incorporación laboral de los inmigrantes residentes en el país que estuvieran desempleados o subempleados en ocupaciones del sector salud, que fueran compatibles con sus habilidades y conocimientos; brindar oportunidades de capacitación para reducir las barreras de entrada para los inmigrantes calificados en áreas de la salud; educar a los empleadores sobre las capacidades de los profesionales de la salud formados internacionalmente; apoyar en la evaluación de credenciales extranjeras; y facilitar cursos de inglés como segunda lengua.

Estos intentos de facilitar la entrada o permanencia en el país de profesionales de la salud son compatibles con lo que señala Batalova (2023), en cuanto a que en Estados Unidos las cifras sobre el número y tipo de visas otorgadas anualmente indican que la migración de trabajadores en el área de la salud no es una política activa, pues menos del 5 % del total de las solicitudes de visa H-1B en el año fiscal 2021 estuvieron relacionadas con las ocupaciones de la salud.

Caracterización de las trabajadoras inmigrantes en el cuidado de la salud con respecto al resto de ocupaciones en Estados Unidos

En esta sección se utiliza la base de datos de la ACS 2017-2021, en la cual se restringe a la población objetivo como aquella mayor de dieciséis años, que no está en ninguna institución de internamiento (prisión o centro psiquiátrico), y que tiene empleo. En la Tabla 4 se presenta la codificación de las variables de esta sección.

Tabla 4. Operacionalización de variables de interés en la ACS 2017-2021

Variable/ Indicador	Valores
Sexo	1 si es mujer 0 si es hombre
Inmigrante	0 si la persona nació en EEUU 0 si la persona nació en el exterior y es hijo de padres estadounidenses 1 si la persona nació en otro país
Ocupado/ empleado	0 si la persona está desempleada 0 si la persona no pertenece a la fuerza laboral 0 si no aplica 1 si la persona está ocupada

Variable/ Indicador	Valores
Con estudios de licenciatura o más	0 si la persona tiene de 0 años de escolaridad a 4 años estudios universitarios, pero sin grado o título 1 si la persona tiene el título de licenciatura o más estudios (maestría, grado profesional o doctorado)
Con muy buen dominio del idioma inglés	0 si no habla inglés 0 si habla inglés, pero… 0 si habla sólo inglés 0 si habla bien inglés 0 si habla inglés, pero no bien 0 si no se sabe 0 si ilegible 1 si habla muy bien inglés
Ingresos anuales medianos	La variable *incwage* contiene los ingresos obtenidos por salarios o del negocio propio o granja de una persona durante el año previo Todas las personas de menos de 16 años tienen un valor de ingresos de cero Los ingresos están expresados en dólares estandarizados al valor del año 2021 La variable se calcula como la mediana del ingreso anual para cada grupo ocupacional seleccionado
Con más de 20 años viviendo en el país	0 si tiene de 0 a 5 años viviendo en el país 0 si tiene de 6 a 10 años viviendo en el país 0 si tiene de 11 a 15 años viviendo en el país 0 si tiene de 16 a 20 años viviendo en el país 1 si tiene de 21 o más años viviendo en el país

Variable/ Indicador	Valores
Inmigrantes por grandes regiones (nacionalidad)	0 si son nativos blancos 1 si son nativos afroamericanos 2 si nacieron en Norteamérica 3 si nacieron en México y Centroamérica 4 si nacieron en el Caribe 5 si nacieron en Sudamérica 6 si nacieron en Europa u Oceanía 7 si nacieron en Asia 8 si nacieron en África
Naturalizado	0 no es ciudadano 0 no es ciudadano, pero ha recibido los primeros documentos 0 extranjero; estatus de ciudadanía no reportado 0 ilegible 1 ciudadano naturalizado

Fuente: Elaboración propia con base en Ruggles et al. (2023).

Entre 2017 y 2021 se contabilizaron alrededor de 143 millones de trabajadores en Estados Unidos, de los cuales, el 18 % eran inmigrantes. Para el caso de los trabajadores en ocupaciones del área de la salud, este porcentaje aumentó en 1.2 %. Si se consideran únicamente las ocupaciones de doctores, cirujanos y asistentes en el hogar, la presencia de trabajadores inmigrantes rondó entre el 30 y 38 %. Esto pone de manifiesto que existe una alta demanda en estas ocupaciones en el país (ver Tabla 5).

En cuanto a la feminización del trabajo en el área de la salud, cabe señalar que las mujeres trabajadoras participaron sólo en el 40.2 % de las diversas ocupaciones. Si este porcentaje se compara con el de mujeres empleadas en las áreas de la salud, la diferencia es de 35 puntos porcentuales. Asimismo, se aprecia que únicamente el 39.3 % de las mujeres eran doctoras y cirujanas, pero 82.7 % de las personas enfermeras registradas eran mujeres; de igual manera, 83.9 % de los trabajadores en ocupaciones de apoyo en el cuidado de la salud eran mujeres.

Tabla 5. Trabajadores de dieciséis años y más empleados según indicadores clave, ACS, 2017-2021

	Total	Inmigrantes	Inmigrantes (%)	Mujeres	Mujeres (%)	Nativos con licenciatura o más (%)	Inmigrantes con licenciatura o más (%)
Todos los trabajadores	143 338 121	26 185 496	18.3	10 534 528	40.2	40.0	37.5
Trabajadores ocupados en el área de la salud	13 617 571	2 649 269	19.5	2 008 046	75.8	43.8	47.2
Profesionales de la salud y ocupaciones técnicas	8 423 193	1 414 466	16.8	971 492	68.7	59.3	71.1
Doctores y cirujanos	980 215	284 036	29.0	111 515	39.3	99.9	99.9
Enfermeras registradas	3 329 908	566 683	17.0	468 856	82.7	63.5	75.0
Terapeutas	934 490	113 537	12.1	75 389	66.4	84.8	81.8
Tecnólogos y técnicos sanitarios	1 950 518	267 063	13.7	172 683	64.7	30.0	47.2
Profesionales de la salud y ocupaciones técnicas	1 228 062	183 147	14.9	143 049	78.1	41.9	39.7
Ocupaciones de apoyo en el cuidado de la salud	5 194 378	1 234 803	23.8	1 036 554	83.9	12.6	18.8
Asistentes de salud en el hogar/1	542 938	205 739	37.9	184 411	89.6	8.7	13.8

Asistentes para el cuidado personal/2	1 479 725	408 999	27.6	334 402	81.8	12.4	20.0
Asistentes de enfermería	1 420 585	332 950	23.4	289 439	86.9	7.4	14.5
Atención médica y otros	1 751 130	287 115	16.4	228 302	79.5	17.4	26.2

Fuente: Elaboración propia con datos de Ruggles et. al. (2023).

Notas: 1/Ayudan a los pacientes en sus actividades de la vida cotidiana bajo rutinas flexibles, pueden administrar medicamentos o inspeccionar signos vitales bajo la supervisión de un médico o enfermera.

2/ Brindan cuidados a personas con enfermedades, discapacidades o edad avanzada con actividades diarias, desde la higiene personal, tareas domésticas, hacer compras o planificar citas; no administran medicamentos.

Estos datos evidencian que en Estados Unidos se cumplen los patrones de feminización de las ocupaciones de la salud; sobre todo, aquellas de apoyo y de cuidado de la salud. Estas actividades han estado relacionadas con el trabajo doméstico y de cuidados que se espera que las mujeres brinden en los hogares. En este caso, se aprecia, además, que son las mujeres inmigrantes quienes están asumiendo estas labores.

Llama la atención que los trabajadores inmigrantes poseen estudios de licenciatura en un mayor porcentaje que los nativos. Esto indica que hay una descualificación o desperdicio de las habilidades o capacidades de estos trabajadores; no obstante, esto tiene que ver con la certificación o título válido en el país para el ejercicio de la profesión.

En la Figura 2 se muestran importantes diferencias en los patrones ocupacionales de las trabajadoras inmigrantes con respecto a la población nativa, blanca y afroamericana. Aquellas que pertenecen a la población afroamericana se emplean, en el mayor de los casos, como asistentes de enfermería (22.6 %), enfermeras registradas (16.9 %) y asistentes del cuidado personal (16.3 %); mientras tanto, quienes forman parte de la población nativa se encuentran ocupadas como enfermeras registradas (31.1 %) y en labores de atención médica (13.7 %).

Figura 2. Trabajadoras inmigrantes de dieciséis años y más, según ocupación y nacionalidad, ACS, 2017-2021

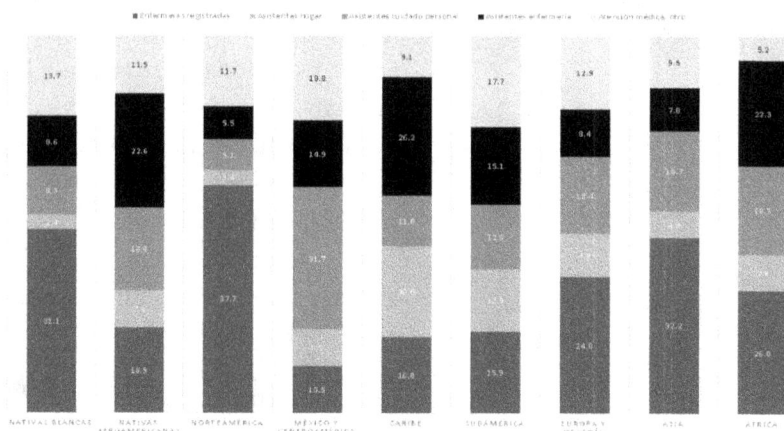

Fuente: Elaboración propia con datos de la ACS, 2017-2021 (Ruggles et. al., 2023).

Por su parte, las trabajadoras provenientes de México y Centroamérica se emplean en su mayoría como asistentes del cuidado personal (31.7 %), en atención médica (18.8 %) y como asistentes de enfermería (14.9 %). Sobresale que este grupo de mujeres tiene el porcentaje más bajo de trabajadoras ocupadas y de enfermeras registradas (10.5 %); de hecho, los porcentajes más cercanos de trabajadoras ocupadas son de Sudamérica (15.9 %), el Caribe (16.8 %) y las nativas afroamericanas (16.9 %).

Adicionalmente, vale señalar que los porcentajes de trabajadoras que se emplean como enfermeras registradas que provienen de Norteamérica (37.7 %) y Asia (32.2 %) son superiores al porcentaje de las nativas blancas (31.1 %). El caso de Asia podría indicar que la industria de formación de enfermeras para trabajar en el exterior, como en Filipinas, está influyendo en este porcentaje.

Es de particular interés mostrar, en el caso de enfermeras registradas y ocupaciones de apoyo en el cuidado de la salud, cómo el lugar de origen es determinante, puesto que los mismos países aparecen en ambas categorías. No obstante, hay pequeñas diferencias: la primera es que las trabajadoras inmigrantes que se ocupan como enfermeras registradas provienen de lugares que se destacan por tener industrias enfocadas en la formación de personal médico y de apoyo en el cuidado de la salud, como es el caso de Filipinas, las Antillas y las Bahamas. La segunda diferencia importante tiene que ver con las ocupaciones en el cuidado de la salud; resulta in-

Tabla 6. Principales países de origen de los trabajadores inmigrantes empleados de dieciséis años y más en Estados Unidos, 2017-2021

	Enfermeras Registradas				Ocupaciones de apoyo en el cuidado de la salud		
	Total	3 822 390	%		Total	6 444 827	%
Lugar	Inmigrantes	491 745	12.9	Lugar	Inmigrantes	1 471 656	22.8
1	Filipinas	163 024	26.0	1	Antillas y Bahamas	275 281	18.7
2	África	84 878	13.5	2	México	234 863	16.0
3	Antillas y Bahamas	62 447	9.9	3	África	190 134	12.9
4	India	44 902	7.1	4	Filipinas	130 447	8.9
5	México	27 169	4.3	5	Sudamérica	98 520	6.7
6	Sudamérica	26 555	4.2	6	China	82 627	5.6
7	China	23 572	3.8	7	Centroamérica	77 123	5.2
8	Canadá	20 535	3.3	8	Otras - Rusia	62 638	4.3
9	Otras - Rusia	20 015	3.2	9	India	50 972	3.5
10	Corea	18 648	3.0	10	Cuba	38 239	2.6

Fuente: Elaboración propia con datos de la ACS 2017-2021, Ruggles et. al. (2023).

teresante que aparecen países o regiones periféricas, como es el caso de Centroamérica y Cuba (ver Tabla 6). El caso más contrastante es el de México, pues hay casi 8.6 veces más trabajadoras ocupadas en el apoyo en el cuidado de la salud que desempeñándose como enfermeras registradas.

Como se puede apreciar en la Tabla 7, las trabajadoras empleadas en las ocupaciones profesionales de la salud y ocupaciones técnicas cuentan con mejores indicadores en términos de que dominan el idioma inglés, son naturalizadas estadounidenses y tienen al menos veinte años residiendo en el país, en contraste con aquellas trabajadoras empleadas en ocupaciones de apoyo en el cuidado de la salud. De éstas, la característica que parece ser determinante en el acceso a mejores salarios es el buen dominio del idioma inglés; sin embargo, es en donde las trabajadoras que apoyan en el cuidado de la salud tienen indicadores más bajos, dado que 42 % de ellas tienen un buen dominio del inglés, frente al 55 % de las trabajadoras que se emplean en ocupaciones profesionales y técnicas en el área de la salud.

Tabla 7. Trabajadoras de dieciséis años o más ocupadas según muy buen dominio del idioma inglés, condición de naturalización y con más de veinte años residiendo en el país, 2017-2021.

	Inmigrantes	Con muy buen dominio del inglés	Con muy buen dominio del inglés (%)	Naturalizadas	Naturalizadas (%)	Veinte años o más residiendo en el país	Veinte años o más residiendo en el país (%)
Trabajadoras de dieciséis años y más ocupadas	16 382 946	6 347 073	38.7	7 380 924	45.1	7 886 163	48.1
Trabajadoras de dieciséis años y más ocupadas en el área de la salud	641 223	352 964	55.0	414 211	64.6	323 409	50.4
Profesionales de la salud y ocupaciones técnicas	442 974	269 989	60.9	305 073	68.9	242 252	54.7
Doctoras y cirujanas	172 521	114 659	66.5	124 300	72.0	108 767	63.0
Enfermeras registradas	97 827	60 427	61.8	68 937	70.5	43 365	44.3
Terapeutas	38 148	23 704	62.1	23 717	62.2	20 174	52.9
Técnicas sanitarias	94 380	49 753	52.7	61 994	65.7	49 261	52.2
Profesionales de la salud y ocupaciones técnicas	40 098	21 446	53.5	26 125	65.2	20 685	51.6

Ocupaciones de apoyo en el cuidado de la salud	198 249	82 975	41.9	109 138	55.1	81 157	40.9
Asistentes de salud en el hogar	21 328	6 637	31.1	11 478	53.8	8 940	41.9
Asistentes cuidado personal	74 597	30 568	41.0	39 286	52.7	31 654	42.4
Asistentes de enfermería	43 511	18 863	43.4	24 941	57.3	16 275	37.4
Atención médica, otro	58 813	26 907	45.8	33 433	56.8	24 288	41.3

Fuente: Elaboración propia con datos de la ACS 2017-2021 (Ruggles et. al., 2023).

Tabla 8. Ingresos anuales medianos de los trabajadores de la salud ocupados de dieciséis años y más, 2017-2021[7]

Ocupaciones	Ingreso salarial en dólares					
	Nativos			Inmigrantes		
	Hombres	Mujeres	Brecha ((H-M)/H) *100	Hombres	Mujeres	Brecha ((H-M)/H) *100
Doctores y cirujanos	230 000	160 000	30.4	221 053	161 844	26.8
Enfermeras registradas	73 000	63 586	12.9	79 482	75 000	5.6
Terapeutas	71 842	58 264	18.9	77 685	63 000	18.9
Técnicos sanitarios	47 101	39 000	17.2	52 988	43 158	18.6
Profesionales salud otras	58 287	46 421	20.4	59 343	48 219	18.7
Asistentes de salud en el hogar	20 000	18 841	5.8	25 421	21 981	13.5
Asistentes cuidado personal	21 000	18 000	14.3	24 000	19 076	20.5
Asistentes enfermería	26 526	23 760	10.4	32 369	27 872	13.9
Atención médica, otros	31 401	29 842	5.0	34 000	30 211	11.1

Fuente: Elaboración propia con datos de la ACS 2017-2021 (Ruggles et. al., 2023).

Se calculó la brecha salarial para los ingresos medianos anuales en dólares constantes de 2021 mediante la siguiente fórmula:

$$Brecha\ salarial = \frac{salario\ anual\ mediano\ hombres - salario\ anual\ mediano\ mujeres}{salario\ anual\ mediano\ hombres} \times 100$$

Los cálculos indican que, en todos los casos, entre trabajadores y trabajadoras nativas, así como entre trabajadores y trabajadoras inmigrantes, la brecha salarial es positiva; esto indica que los varones ganan más que las mujeres en todas las ocupaciones de las áreas de la salud (ver Tabla 8).

Resalta el hecho de que, tanto para los inmigrantes como para los nativos, la brecha de género más amplia se encuentra entre las y los doctores y cirujanos, en favor de los hombres. Así, para la población nativa, en promedio ellos ganan 30.4 % más que ellas, y en el caso de la población inmi-

7   Los datos de ingresos se presentan en dólares constantes del año 2021.

grante, en promedio ellos ganan 26.8 % más que ellas.

La brecha salarial de género más pequeña entre la población inmigrante se da entre las y los enfermeros registrados; no obstante, en promedio ellos ganan 5.6 % más que ellas. Entre la población nativa, los hombres en las ocupaciones de otro tipo de atención médica ganan en promedio 5 % más que las mujeres, mientras que la brecha salarial es de 5.8 % entre las y los asistentes del hogar, en favor de ellos.

Existe otra brecha salarial en el grupo de las trabajadoras inmigrantes, la cual se da entre una enfermera registrada y todas aquellas ocupaciones relacionadas con el apoyo en los cuidados. Es así que la brecha salarial entre una enfermera registrada y una asistente en el hogar es de 70.7 %; en relación con una asistente del cuidado personal es de 74.6 %; en cuanto a una asistente de enfermería es de 62.8 %; y finalmente, respecto de aquellas trabajadoras que se dedican a dar otro tipo de atención médica, es de 59.7 %. De esto, se observa que, para las trabajadoras inmigrantes en el área de la salud, es fundamental contar con un mejor dominio del inglés, el cual podría facilitarles la obtención de una certificación o título para el ejercicio de la enfermería y, por ende, el acceso a ocupaciones profesionales y a mejores salarios.

Conclusiones

Este capítulo tuvo como objetivo caracterizar el mercado de trabajo que enfrentan las trabajadoras inmigrantes de la salud que residen en Estados Unidos, distinguiendo entre dos grandes grupos: ocupaciones profesionales de la salud y técnicas, y ocupaciones de apoyo en el cuidado de la salud.

Como se pudo ver, los empleos en el área de la salud en Estados Unidos se encuentran altamente feminizados; es decir, existe una sobrerrepresentación de las mujeres en ocupaciones de enfermeras registradas y en las de apoyo en el cuidado de la salud, pero no así en las de doctoras y cirujanas. En toda el área de la salud se vislumbra una brecha salarial entre los hombres y las mujeres, en favor de ellos. Esto es un indicativo de que persiste una baja valorización del trabajo femenino, tal vez porque no se ha logrado desvincularlo de la idea de que los cuidados deben ser provistos por las mujeres, y que no necesariamente deben recibir una retribución acorde.

En el caso de las trabajadoras inmigrantes, se pudo apreciar que las que se ocupan en actividades profesionales y técnicas presentan mejores cualificaciones en términos de dominio del idioma inglés, son en mayor proporción ciudadanas por naturalización y exhiben porcentajes de veinte años o más viviendo en el país; esto, en contraste con las trabajadoras que se insertan en ocupaciones de apoyo en el cuidado de la salud. No obstante, llama la atención el caso de las mujeres trabajadoras inmigrantes provenientes de México y Centroamérica, quienes a pesar de que algunas de ellas cuentan con niveles de licenciatura, no logran trabajar como enfermeras registradas, lo que se traduce en una condición de descualificación de sus credenciales, ya que sus estudios no son válidos en Estados Unidos.

Este trabajo exploratorio abre nuevas líneas de investigación desde un enfoque mixto, en el que la parte cuantitativa se centre en el análisis de la descualificación de las inmigrantes profesionistas en Estados Unidos, y el análisis cualitativo se enfoque en conocer las trayectorias laborales, educativas y migratorias de las mujeres trabajadoras en las áreas de la salud, para corroborar cuáles son las barreras para acceder a ocupaciones profesionales y técnicas.

Bibliografía

Achury Saldaña, D. M. (2006). "La historia del cuidado y su influencia en la concepción y evolución de la enfermería". *Investigación En Enfermería: Imagen Y Desarrollo,* 8(1), 5-103.

Arredondo-González, C. P. y Siles-González, J. (2009). "Tecnología y Humanización de los Cuidados: Una mirada desde la Teoría de las Relaciones Interpersonales". *Index de Enfermería,* 18(1), 32-36.

Batalova, J. (2023). *Immigrant Health Workers in the United States.* Migration Policy Institute. https://www.migrationpolicy.org/article/immigrant-health-care-workers-united-states

Batalova, J.; Fix, M. y Fernández-Peña, J.R. (Abril 2021). *The integration of Immigrant Health Professionals. Looking beyond the COVID-19 Crisis.* Migration Policy Institute. https://www.migrationpolicy.org/sites/default/files/publications/mpi-immigrant-health-workers-beyond-pandemic_final.pdf

Buchan, J. y Catton, H. (2020). *COVID-19 and the International Supply of Nurses.* International Council of Nurses. https://www.icn.ch/sites/

default/files/2023-04/COVID19_internationalsupplyofnurses_ Report_FINAL.pdf

Buitrago M., L. A. (2009). "Desarrollo histórico de la enfermería". *Cultura del Cuidado Enfermería*, 6(2), 27-36.

Commission on Graduates of Foreign Nursing Schools [CGFNS International] (2023). *Select your Healthcare Profession*. CGFNS International. https://www.cgfns.org/professions/

de Dios-Aguado, M.; Gómez-Cantarino, S.; Torres A., M.A.; Bocos R., M.J.; Pina Q., P.J; & de Almeida P., M.A. (2021). "Florence Nightingale y Concepción Arenal: Enfermeras de los hospitales del siglo XIX". *Temperamentvm. Revista Internacional de Historia y Pensamiento Enfermero*. v17: e17018.

Departamento de Comercio de los Estados Unidos (2019). *Encuesta sobre la Comunidad Estadounidense. Guía de información*. Oficina del Censo de los Estados Unidos. https://www.census.gov/content/ dam/Census/programs-surveys/acs/about/2019_Spanish_ACS_ Information_Guide.pdf

Federici, S. (2010). *Calibán y la bruja. Mujeres, cuerpo y acumulación originaria*. Traficantes de Sueños.

Grignon, M., Owusu, Y. y Sweetman, A. (2013). "The international migration of health professionals" en Constant, A. F. y Zimmermann, K. F. (Eds.). *International Handbook on the economics of migration* (1a Ed., pp. 75-97). Edward Elgar Publishing.

Hernández Martín, F.; del Gallego Lastra, R.; Alcaraz González, S. y González Ruiz, J. M. (1997). "La enfermería en la historia. Un análisis desde la perspectiva profesional". *Cultura de los cuidados*, 1(2), 21-35.

Hualde Alfaro, A., y Rosales Martínez, Y. (2017). "Profesionales que emigran. Una comparación entre enfermeras e ingenieros mexicanos en Estados Unidos". *Espiral (Guadalajara)*, 24(70), 181-219.

Moreno Sánchez, Y. M. M., Fajardo Daza, M., Ibarra Acuña, A. y Restrepo, S. S. (2017). "Cronología de la profesionalización de la Enfermería". *Revista Logos, Ciencia y Tecnología*, 9(2), 64-84.

Organización para la Cooperación y el Desarrollo Económicos [OCDE]

(2023). OECD. Stat. Health Workforce Migration. https://stats. oecd.org/Index.aspx?ThemeTreeId=9#.

Organización Mundial de la Salud [OMS] y Organización Internacional del Trabajo [OIT]. (2022). *La brecha salarial de género en el sector de la salud y asistencial: un análisis mundial en tiempos de COVID-19 [The gender gap in the health and care sector: a global analysis in the time of COVID-19].* https://www.who.int/es/publications/i/item/978 9240052895

Organización Mundial de la Salud [OMS]. (2020). *Situación de la enfermería en el mundo 2020. Invertir en educación, empleo y liderazgo. [State of the world's nursing 2020: investing in education, jobs and leadership].* OMS. https://www.who.int/es/publications/i/item/9789240 003279

Redistricting Data Hub (2023). Encuesta de la Comunidad Estadounidense (ACS). https://redistrictingdatahub.org/es/data/about-our-data/american-community-survey/#:~:text=La%20ACS%20es%20 una%20encuesta,de%201%20o%205%20años

Ruggles, S.; Flood, S.; Sobek, M.; Brockman, D.; Cooper, G.; Richards, S. y Schouweiler, M. (2023). IPUMS USA: Versión 13.0 [dataset]. Minneapolis, MN: IPUMS, 2023. https://doi.org/10.18128/D010. V13.0

Shaffer, F. A., Bakhshi, M., Cook, K., y Álvarez, T. D. (2022). International Nurse Recruitment Beyond the COVID-19 Pandemic. *Nurse Leader,* 20(2), 161-167. https://doi.org/10.1016/j.mnl.2021.12.001

Socha-Dietrich, K., & Dumont, J.-C. (2021). *International migration and movement of nursing personnel to and within OECD countries—2000 to 2018.* https://www.oecd.org/content/dam/oecd/en/publications/ reports/2021/02/international-migration-and-movement-of-nur sing-personnel-to-and-within-oecd-countries-2000-to-2018_ f8d777e7/b286a957-en.pdf

U.S. Census Bureau [USCB]. (2023). American Community Survey 5 year Data (2009-2021). https://www.census.gov/data/developers/ data-sets/acs-5year.html

U.S. Citizenship and Immigration Services (USCIS) (2023). *Inmigración basada en un Empleo: Tercera Preferencia EB-3*. https://www.uscis. gov/es/trabajar-en-estados-unidos/trabajadores-permanentes/in migracion-basada-en-un-empleo-tercera-preferencia-eb-3

Yeates, N. (2010). "La globalización de las migraciones de enfermeras. Problemas políticos y soluciones". *Revista Internacional Del Trabajo*, 129(4), 469-488. https://doi.org/10.1111/j.15649148.2010.00096.x

Women in Global Health [WFH]. (2022). "Subvención de la salud mundial: trabajo no remunerado de las mujeres en los sistemas de salud". *Serie "Women in Global Health": La equidad de género y el personal sanitario y asistencial*. https://womeningh.org/wp-content/uploads/20 22/07/Report-on-subsidizingV13-SPANISH.pdf

Zambrano Plata, G. E. (2003). "Ethel Fenwick una mujer del siglo XXI en el siglo XIX". *Investigación en Enfermería e Imagen y Desarrollo*, 5(1) y (2) 79-85.

Leyes

S.1024 - 117th Congress (2021-2022): Healthcare Workforce Resilience Act. (2021a, marzo 25). https://www.congress.gov/bill/117th-con gress/senate-bill/1024

H.R.2255 - 117th Congress (2021-2022): Healthcare Workforce Resilience Act. (2021b, octubre 19). https://www.congress.gov/bill/117th-congress/house-bill/2255

H.R.2709 - 114th Congress (2015-2016): Professional's Access To Health Workforce Integration Act of 2015. (2015, junio 12). https://www.congress.gov/bill/114th-congress/house-bill/2709

World Health Organization (WHO) (2020). WHO Global Code of Practice on the International Recruitment of Health Personnel. Report of the WHO Expert Advisory Group on the Relevance and Effectiveness of the WHO Global Code of Practice on the International Recruitment of Health Personnel. WHO, Ginebra https://apps.who. int/gb/ebwha/pdf_files/WHA73/A73_9-en.pdf

Capítulo 4

Las mujeres poblanas migrantes como cuidadoras de la salud

Cristina Cruz Carvajal y Adriana Sletza Ortega Ramírez

Resumen

Los cuidados brindados por mujeres en ámbitos generales, así como en lo relativo a la salud, permanecen invisibilizados, a pesar de que son la base para el funcionamiento de la sociedad y son necesarios para mantener la migración. Históricamente, de acuerdo con la perspectiva de género, las mujeres se han dedicado a esta actividad a pesar de no recibir ninguna remuneración, debido a lo que en Ciencias Sociales se denomina como "cadenas globales de cuidado". Este capítulo aborda las estrategias que las mujeres migrantes poblanas utilizan para cuidar la salud de sus familiares y de ellas mismas en los diferentes contextos migratorios, bajo el argumento de que estos actos de cuidado legitiman el rol de la mujer desde el género a través de la división sexual del trabajo. También se mencionan las repercusiones en su red migratoria en ausencia de políticas de Estado.

Palabras clave: mujeres, migración, cuidados, salud, género, transnacionalismo, cadena global de cuidados

Introducción

En las últimas décadas se ha evidenciado una amplia cantidad de estudios migratorios que abordan a la mujer, debido a que se ha roto con la visión androcéntrica en las Ciencias Sociales. Los estudios la presentaban desde la vida familiar, aislada en el ámbito privado y como sujeto pasivo de la migración. Pero, al tiempo que las mujeres se han incorporado a distintas áreas de investigación, los estudios sobre mujeres abordan temas como la migración desde la perspectiva de género y feminismo, sexualidad, las distintas etapas de la vida de las mujeres migrantes, fronteras y los trabajos de cuidado realizados por las mujeres migrantes, entre otros.

Desde la perspectiva de los estudios migratorios latinoamericanos se ha analizado el papel de las mujeres migrantes del sur al norte global. Las autoras Hondagneu Sotelo y Ávila (1997) notan una feminización de la migración justamente desde el sur global, la cual ha hecho adoptar nuevos enfoques en torno a los procesos migratorios y a la necesidad de evidenciar la agencia femenina migrante. Es así como se ha mostrado que las mujeres son generadoras de bienes y remitentes de remesas; administradoras de sus recursos en entornos de origen y de destino; cabezas de familia y de redes migratorias, entre otras cuestiones.

La actual perspectiva de género y feminista ha aportado metodologías y conceptualizaciones en los estudios migratorios, en los que destaca el papel de las madres y de las mujeres, y las formas en las que realizan sus cuidados en el ámbito migratorio, en relación con la idea de que la mujer es la cuidadora de la familia por excelencia.

La feminización de la migración es consecuencia de la estructura económica de México, que expolia a sus habitantes, así como de las crisis neoliberales y de la precarización del empleo; todos estos, factores que han empujado a las mujeres a dejar sus lugares de origen. Sin embargo, estas mujeres se insertan en los procesos migratorios sin transformar sus relaciones de género; al contrario, las mantienen y perpetúan, por lo que están sometidas a dobles y triples vulneraciones. En el tema específico de este capítulo, se puede apuntar que las mujeres migrantes no sólo cuidan la salud de quienes las rodean, sino que, también enferman no sólo al trabajar, sino por estar al cuidado de otros.

Para el caso específico de la migración de origen poblano[1], se observa que las mujeres aplican estas formas de cuidado, y que ellas tienden a cuidar más su salud con relación a los hombres. De acuerdo con el trabajo de campo y las entrevistas realizadas en Nueva York, existe una incidencia importante, sobre todo entre los hombres migrantes, en problemas de salud tales como alcoholismo, drogadicción, obesidad, problemas causados por violencia, accidentes, entre otros. Mientras que entre los hombres poblanos migrantes en Nueva York hay casos de hospitalización por estas razones, las mujeres sólo acuden al hospital cuando tienen partos. En suma,

---

1 Puebla, ubicado en el centro de la República Mexicana, muestra sus primeros flujos migratorios hacia Nueva York en los años ochenta, donde la migración era predominantemente masculina. En los años noventa, las mujeres se insertaron en esta movilidad.

las mujeres migrantes poblanas tienden a cuidar su salud, pero también, a cuidar la salud de los integrantes de su red migratoria, con el fin de seguir obteniendo ganancias económicas. Esto, porque hay casos donde el retorno primordialmente se da cuando se presenta alguna enfermedad grave, y entonces los ingresos familiares se ven disminuidos; en este sentido, las remesas también son una forma de cuidado.

En todas las fases migratorias se observa el cuidado de la salud por parte de las mujeres migrantes poblanas. Aquellas que se encuentran en las comunidades de origen hacen envíos de distintos remedios basados en la medicina herbolaria tradicional mexicana; sobre todo, naturistas para el cuidado de la salud, recetas u oraciones para alguna enfermedad que sufran los familiares en el destino. En el tránsito, ellas son quienes se encargan de llevar y aplicar algún medicamento. En el destino, ellas se encargan de aplicar los remedios recibidos y cuidar de la salud de quienes están a su alrededor; asimismo, son quienes envían las remesas, lo cual constituye una forma de cuidado a la salud transnacional. En el retorno, las mujeres tienden a afiliarse más que los hombres a servicios de salud, tanto públicos como privados.

Ante la falta de políticas de acceso a la salud tanto en México como en Estados Unidos, cuando una persona se enferma, queda al cuidado del interior de la familia. Sin embargo, históricamente se ha encargado de forma desigual este cuidado mayoritariamente a las mujeres, ya que cuando se alude al concepto de familia, se piensa intrínsecamente en la mujer: "... el núcleo familiar es el proveedor principal en momentos de dificultad. Destaca de entre todos, el papel desempeñado por la mujer cuyo rol es determinante para el desarrollo del ciclo vital de los miembros de la familia" (Martínez, 2010, p. 97).

En la literatura feminista enfocada en los estudios migratorios se observa la naturaleza dual del cuidado (compuesto por amor y trabajo), así como de las actividades relacionadas con éste que son delegadas a las mujeres, bajo la idea de que el querer a alguien obliga a cuidarlo, como sucede con el caso de los miembros de la familia. De ahí que también las mujeres fueran vistas hacia el ámbito público como cuidadoras aptas, dada su experiencia de cuidados en el ámbito privado. En esta lógica de división sexual del trabajo, parte del debate se centra en que los cuidados en el ámbito privado no deben ser remunerados, ya que implican elementos que no tienen precio, como el amor y el cariño; asimismo, se considera que no involucran un esfuerzo físico, aunque generan distintas formas de bienestar. Es así que, desde una perspectiva económica, los cuidados, como los servicios de limpieza, son devaluados bajo el argumento de que no generan productividad.

En todo proceso social siempre es importante el tema de quién cuida y cómo cuida, lo cual está arraigado en las estructuras individuales y sociales. El acto de cuidar existe desde el inicio de la humanidad; de acuerdo con la antropóloga Margaret Mead (1972), el primer signo de civilización no sucedió con el surgimiento de la agricultura, sino que ocurrió cuando alguien se dedicó a cuidar a otra persona que se rompió el fémur, y se encargó de alimentarlo y cuidarlo hasta que sanó. Todo ser necesita de cuidados desde que nace hasta que muere, por lo que el cuidado es esencial para la preservación de los grupos sociales y, en suma, de la humanidad.

En la era contemporánea es importante considerar cuestiones como el envejecimiento poblacional, las transformaciones demográficas, la incursión de las mujeres al mercado laboral, las epidemias, las pandemias y las enfermedades, las políticas públicas, entre otras. Dichos factores han transformado los procesos de cuidado, generando desigualdad entre los hombres y las mujeres, pues son éstas quienes se han encargado de cumplir con las actividades de cuidado. Así, sucede lo que menciona Esguerra Muelle: "Una devaluación global del cuidado, no porque no se le considere necesario o indispensable, sino por los valores culturales preexistentes, al mismo tiempo que se mercantiliza y se genera desigualdad en la redistribución del amor" (202, p. 125).

Para los fines del presente artículo, la información se presenta en cuatro apartados, donde se plantean aspectos en torno al desarrollo metodológico mediante la aplicación de entrevistas y procesos de observación participante. También se esbozan aspectos teóricos sobre género, cuidados y sus impactos en la salud entre las personas migrantes poblanas. Dicho esto, se analiza lo referente a los cuidados transnacionales, ya que el cuidado no solamente se ejerce en el destino, sino también en el origen, tránsito y retorno. A través de las entrevistas se recogieron testimonios en torno a las estrategias de cuidado empleadas por las mujeres migrantes poblanas, lo cual también conforma un apartado, para finalmente, ahondar en las formas en las que las mismas mujeres migrantes cuidan de su salud.

Metodología

Para el desarrollo de esta investigación se utilizó el recurso de etnografía situada entre Puebla y Nueva York. A través de la técnica de bola de nieve, las mujeres migrantes poblanas entrevistadas remitieron con otras, ya sea que fueran familiares o amigas. Debido a la pandemia de COVID-19, se utilizaron tecnologías de la información como videollamadas por Zoom, WhatsApp y Facebook para la obtención de los testimonios. Así, se realizaron entrevistas en profundidad, tanto estructuradas como abiertas, en las que los testimonios obtenidos dan cuenta de la suma de cuidados y las formas de desenvolvimiento de la migración y del ser mujer migrante. Cada entrevistada fue informada sobre la finalidad de las preguntas y se solicitó su consentimiento; asimismo, se aseguró la confidencialidad de sus respuestas a través del uso de pseudónimos para todos los casos.

Se entrevistaron a más de treinta mujeres poblanas migrantes, originarias tanto de entornos rurales como urbanos. Su nivel de escolaridad varía: entre las originarias de la ciudad, se encuentran migrantes con estudios de licenciatura concluida, mientras que, aquellas provenientes de ámbitos rurales, cuentan con estudios de preparatoria trunca o inferiores. El grupo etario de mujeres entrevistadas va de los 32 a los 67 años. Todas cuentan con pareja, hijos y padres, tanto en Puebla como en Nueva York.

A través de los testimonios recabados se realizó un análisis interpretativo sobre las expectativas, opiniones, situaciones de vida y conocimientos de las mujeres migrantes poblanas entrevistadas. Es así que estos testimonios constituyen parte de los conocimientos brindados por varias generaciones respecto al cuidado de la salud, que en este caso, es un cuidado transnacional.

Género y cuidados

La perspectiva de género se convierte en una unidad básica de análisis para entender no sólo la migración y sus procesos de feminización en torno al transnacionalismo y los cuidados, sino también porque involucra a las distintas fases en los contextos migratorios; en suma, establece las formas en las que las personas migran. Las relaciones de género y patriarcales determinan la migración en todos sus procesos, ya que, socialmente, con la división sexual del trabajo, las mujeres se ven apegadas a realizar ciertas actividades y a cumplir con responsabilidades, las cuales dependen de ser mujer, y de su perfil, refiriéndonos a su edad, lugar de origen, formación académica, entre otros elementos. El género, la familia y la sociedad determinarán las formas en las que migren las mujeres, y la relación que ellas desenvolverán con su red migratoria. El testimonio de la señora Josefina Cárdenas, recabado en Puebla, nos muestra que, por su condición de madre, abuela y mujer, sus hijas le pedían que migrara con ellas a Estados Unidos para llevar a cabo labores de cuidado. Con este testimonio se muestra que las mujeres "...siguen ejerciendo su rol de cuidadoras a distancia manteniendo los vínculos en el origen desde el país de destino" (Díaz, 2008):

> A mí, mis hijas [que migraron a Nueva York] me dijeron que fuera con ellas para allá. Pero yo no quise porque ¿cómo voy a ir con tantos peligros? Yo ya no estoy joven como ellas para arriesgarme. Además, ¿cómo voy a ir si a mí me gusta estar aquí? Y les sirvo a ellas quedándome aquí. Aquí [en Santa Ana Acozautla, Santa Isabel Cholula, Puebla] cuido a mis nietos, mis plantas, los terrenos. Pero ellas no son tontas, me dicen [que] cuando esté allá con ellas, no voy a salir a trabajar, yo me voy a quedar en la casa. Pero me van a dejar cuidando a los demás nietos que son muchos, y allá no puedo ver mis plantas, y voy a estar nomás encerrada. Nomás quieren que vaya para que cuide a todos, y les guise y les limpie. No. Yo desde aquí les cuido, de otra forma, pero les cuido. (Josefina Cárdenas, 67 años, entrevista, Santa Ana Acozautla, 2019).

El caso de Josefina Cárdenas muestra a su vez lo que Arlie Russel Hochschild (2002) se refiere respecto a la cadena global de cuidados, en relación con las interconexiones producidas cuando una madre contrata a alguien para que cuide a sus hijos, siendo en muchos casos una mujer migrante, lo cual a su vez la pone en una situación vulnerable, dado que esta mujer migrante tiene que contratar a alguien que a su vez cuide a sus hijos, ya sea en el destino, o en su defecto, en su lugar de origen, y por lo general, quien se encargará de estos cuidados, también será una mujer, y cada vez más frecuentemente, una jefa del hogar. La cadena global de cuidados se pueden definir entonces como "una serie de lazos personales entre la gente a lo largo del mundo basados en el trabajo de cuidado pago o no pago donde cada trabajador de cuidado depende de otro trabajador de cuidado" (Díaz, 2008, p. 79).

Así que, en procesos migratorios y de globalización, nos encontramos que, por lo general, se tiende a contratar a mujeres migrantes para trabajos domésticos, quienes a su vez realizan actividades de cuidado, lo cual muestra que principalmente están insertas en el sector de servicios (CONAPO, 2022), pero como se mencionó en el párrafo anterior, ellas mismas dejan el cuidado de sus hijos a otras mujeres. Se conforman así las llamadas cadenas globales de cuidados, siendo éstas un fenómeno paradigmático de la feminización de la migración en un contexto de globalización neoliberal, que hace uso de la división sexual e internacional del trabajo (Monera, 2017).

Para Hochschild (2002), la cadena global de cuidado es un eslabón entre personas, en este caso mujeres migrantes, que se conectan por relaciones fuertes, siendo estas principalmente de parentesco, pero también de amistad, e incluso, relaciones con fines meramente económicos. Cabe mencionar que, para la autora, estas relaciones pueden fortalecerse, fragmentarse o romperse en función de la migración y la dedicación de las mujeres migrantes a las labores de cuidado. Llaman su atención los vínculos invisibles entre hijos e hijas de cuidadoras dejados atrás, y niñas y niños a quienes esas cuidadoras entregan su afecto (Esguerra Muelle, 2021, p. 125). En estas cadenas globales de cuidado se observa una división sexual internacional del trabajo que involucra la transferencia, conocimientos y aplicación en torno al cuidado.

En las cadenas globales de cuidado se observa un mayor protagonismo femenino a escalas locales, nacionales y mundiales. Por ejemplo, el trabajo de las niñeras mexicanas en Francia, al llevar a cabo una transferencia del cuidado y de la maternidad, se podría encasillar dentro de las labores de cuidado. Asimismo, el cuidado de una madre migrante en Estados Unidos, con hijos de otra mujer migrante en ese país, podría considerarse como un eslabón en las cadenas globales de cuidado.

Estas labores de cuidado se enlazan también con la visión androcéntrica de que las mujeres son aptas para las labores de cuidado y las actividades domésticas, mientras que los hombres, por esta misma idea, se alejan de estos trabajos. En tanto que el cuidado es una labor social que las mujeres realizan en el ámbito privado, no hay políticas públicas al respecto; de hecho, tanto en México como en Estados Unidos estas actividades se mantienen invisibilizadas.

Entonces, las cadenas globales de cuidado transnacionales sostienen el bienestar entre las familias migrantes, donde las mujeres de la familia se dedican al cuidado con base en ejes de poder, mientras que los hombres, por lo general, se tornan en beneficiarios; además, se gestan intereses de por medio, ya sean económicos o afectivos. Dichas tareas son devaluadas, en tanto que quienes las realizan son mujeres migrantes y en situación de pobreza respecto a su país de origen; algunas no cuentan con documentos y, por ende, se encuentran en una condición de vulnerabilidad y de diferenciación étnica y racial. En varios testimonios obtenidos, las mujeres poblanas migrantes comentan que las mujeres estadounidenses prefieren contratarlas a ellas para cuidar a sus hijos, debido a la idea de que ellas, como mexicanas, son personas cariñosas y apegadas, al tiempo de que pueden sobreexplotarlas.

A las mujeres migrantes se les ve desde una óptica utilitarista, a través de la cual se invisibilizan sus derechos, aunque se percibe la importancia que tienen como cuidadoras. La migración se torna compleja, ya que las mujeres mexicanas, y en específico, las mujeres poblanas, son madres que han dejado a sus hijos en los lugares de origen con el fin de acrecentar sus recursos y poder trabajar jornadas más largas, en contraposición a las mujeres que han migrado junto con sus hijos, logrando con ello también una reunificación familiar; o por el contrario, mujeres que han llevado a cabo procesos de reagrupación inversa, es decir, que han enviado a sus hijos nacidos en Estados Unidos a la comunidad de origen de la madre.

Por reunificación familiar no solamente se entiende la reunión con la pareja o el cónyuge, sino también con los hijos que logran llevar desde el lugar de origen, así como con los hijos que han nacido en Estados Unidos. Ante estas variadas posibilidades, las mujeres migrantes poblanas han implementado estrategias de cuidado, incluso a nivel transnacional. El testimonio de Gracia López, originaria de Izúcar de Matamoros, Puebla, y que actualmente vive en Nueva York, muestra justamente estos procesos de reunificación familiar con la finalidad de seguir cuidando a los miembros de la familia:

> Yo cuando estaba aquí sola, extrañaba mucho a mis hijos, siempre les hablaba por teléfono, pero no era lo mismo. Un día, sin avisar, regresé a México por ellos. No sabían que iba a buscarlos, y yo estaba indecisa. Aproveché que era Semana Santa para ir con la excusa de visitarlos, y cuando les dije que iba a venir de regreso, ellos lloraron

mucho, y dije que no, no los podía dejar de nuevo, así que pedí prestado más, aparte yo llevaba dinero, y me los traje. Acá sí los puedo cuidar, los puedo guiar, hasta regañar. Allá con su abuela se estaban volviendo testarudos y desobedientes, por eso me los traje, para yo verlos acá. (Gracia López, 36 años, entrevista por Zoom, 2021).

Distintos estudios, como los de D´Aubeterre, Rivermar y Gutiérrez (2018), Parella Rubio y Reyes (2019), Díaz Gómez y Marroni (2017), han visto a las mujeres poblanas migrantes desde el papel de su misma movilidad, los recursos que aportan, su empoderamiento, su género y sexualidad, etc. Sin embargo, no se habían observado como cuidadoras de la salud de los miembros de su red, acto con el cual ayudan a mantener los ciclos migratorios, al fortalecimiento y desarrollo de su red, ya que al encontrarse sanos sus miembros, pueden enviar más recursos a las comunidades de origen.

También, ha sido interesante, en los estudios migratorios, las formas en la que las madres migrantes en Estados Unidos perciben la maternidad ejercida por las mujeres estadounidenses, y con ello, los cambios que ellas realizan respecto a sus propias formas de crianza, empujadas por la sociedad de destino y los sistemas judiciales, penales y escolares. Sin embargo, suele predominar la forma en la que ellas aprendieron el cuidado de la familia, tal y como se observa entre las mujeres migrantes poblanas.

Así, los móviles de la migración son distintos para hombres y mujeres, siendo que la familia resulta esencial en el proceso migratorio. "Las mujeres, en comparación con los hombres, tienen una de las motivaciones más relevantes para iniciar el proceso migratorio a la familia, la mejora de la situación de sus hijos e hijas, que puedan acceder a la educación y puedan tener mejores oportunidades de vida y trabajo" (Monreal Gimeno et al, 2019, p. 87).

En este ejercicio de maternidad se comienza a vislumbrar el cuidado a la salud, no solamente física y mental de los miembros de la familia, sino también de las mismas mujeres migrantes. La migración implica importantes relaciones de complejidad emocional basada en su situación como aportadoras económicas al hogar. Entonces, se observa cómo construyen vínculos afectivos con niños, adultos mayores, e incluso mascotas que ellas mismas cuidan, mientras relegan el cuidado de sus propios hijos a las abuelas, quienes se convierten en figuras esenciales para los ciclos migratorios. Así, las separaciones entre madres migrantes y sus hijos significa la aplicación de otras formas de cuidado y cuidado a la salud, incluso a través de elementos transnacionales.

Las mujeres migrantes mexicanas no sólo se encuentran en el sector doméstico de cuidados, a cargo de niños, ancianos, enfermos y mascotas, sino que además de realizar dichas actividades remuneradas, también se ocupan del cuidado de su propia familia (específicamente, de su salud), por lo que realizan dobles jornadas laborales.

Con respecto al país de origen, se generan fugas de cuidado; es decir, debido a su migración, dejan a sus hijos al cuidado de otras mujeres, cuya labor puede ser o no remunerada, por lo tanto, el cuidado no es tan apegado y estrecho y se generan hijos sin reglas. Estas fugas de cuidado tienen una larga historicidad, desde que se empiezan a observar flujos migratorios entre México y Estados Unidos, y se hicieron mayores cuando se observa una feminización de la migración.

El caso de Diana Corona muestra que a ella le preocupaba no cuidar presencialmente a sus hijos, a pesar de que ellos se quedaron a cargo de su abuela, quien les enseñó el cuidado de la salud mediante la medicina tradicional mexicana, que luego Diana aplicaba hacia sus hijos en Estados Unidos:

> Cuando mis hijos eran chiquitos yo se los dejé a mi mamá. Desde siempre ella ha usado la herbolaria para cualquier mal que afecte a la salud, y mis hijos también aprendieron eso cuando se quedaron con ella. Ya que crecieron un poco, les dije si querían venir conmigo. Aquí, uno de ellos empezó con eso de las drogas, y yo usé métodos tradicionales para curarlo. Mi otro hijo igual ha usado de eso, pero porque nosotras se lo hemos enseñado, y es en lo que creemos. (Diana Corona, 56 años, entrevista por Meet, 2021).

Entonces, las mujeres migrantes que se desempeñan en labores de cuidado, remuneradas o no remuneradas, están expuestas a una mayor vulnerabilidad, ya que se encuentran sometidas a una doble explotación, tanto en el ámbito laboral, como en el privado o doméstico. Así, las mujeres, forzadas por su propia red, se mantienen en un entorno privado que las deja en una situación de violencia que reconfigura las tramas de migración y de cuidados.

Aquí el cuidado es redefinido como un bien social de importancia vital. Se hace hincapié en que el dinamismo estructural de la interacción (desigual y jerárquica) entre estos agentes es lo que conforma los sistemas de inclusión y exclusión al derecho de recibir y practicar cuidados. Así, espacios que pueden parecer separados por las distancias y las fronteras de los Estados-nación están conectados material, simbólica, relacional y afectivamente a través de las movilidades de las personas y de sistemas sociales, políticos y estatales con diferentes niveles de institucionalidad (Yeates, 2012, p. 150).

Las mujeres migrantes, entonces, ocupan actividades infravaloradas al realizar labores de cuidado para las cuales, desde la perspectiva de género, son aptas; no obstante, al realizarlas dañan su propia salud. La inserción de las mujeres en las dinámicas migratorias las ha empoderado, pero también las ha dejado expuestas a situaciones de vulnerabilidad, como la explotación laboral, la precariedad en distintos ámbitos y la violencia; esto, conjugado con cuestiones de racismo y discriminación. De hecho, se suele contratar más a mujeres, ya que incluso desde perspectiva de género, se considera que ellas se prestan más a la explotación y la precariedad laboral.

También se ha visto que las mujeres migrantes son inferiormente remuneradas, no sólo en cuanto a la población femenina del lugar de destino, sino también en relación a los hombres que se encuentran en situaciones similares a ellas, quienes sufren mayor explotación laboral y la ausencia de protección institucional o social a su salud.

Mientras los hombres mexicanos transfronterizos se dedican a la jardinería, las mujeres desempeñan trabajo de aseo y cuidado, recibiendo sueldos más bajos. Los mandatos de género, además, inciden en las trayectorias laborales femeninas transfronterizas, que comúnmente son interrumpidas debido a la responsabilidad de cuidados familiares en origen. A pesar de las condiciones precarias del trabajo doméstico femenino, la contratación informal de trabajadoras remuneradas en este nicho es reconocida como un factor que estimula y facilita el «movimiento transfronterizo y generizado del trabajo» (Magalhaes, 2023, p. 110).

Hay autores, como Ruiz (2017), que observan que la deportación constituye un elemento de crisis del cuidado transfronterizo, ya que, al faltar la madre, otras mujeres de la misma red migratoria tienen que encargarse del cuidado de los hijos de éstas. Sin embargo, a la mujer deportada, se le encarga el cuidado de los padres mayores que se encuentran en las comunidades de origen. Entre las mujeres entrevistadas, solo una comentó que fue deportada debido al desconocimiento de las leyes estadounidenses respecto al trato y cuidado de los hijos nacidos en Estados Unidos, quienes se quedaron al cuidado del padre y sus suegros estadounidenses. Es así que muchas madres migrantes, de origen mexicano, se empeñan en el cuidado de la salud, sobre todo de sus hijos nacidos en Estados Unidos, en relación con los hijos nacidos en México, con el fin de evitar problemas legales en ese país (Cruz Carvajal, 2021).

> Yo sí les pegaba a mis hijos, así como a mí me pegaban cuando era chica, yo igual les pegaba a mis hijos. El caso es que a mi hijo le di de más, y lo dejé morado de los brazos. Pues una maestra que lo ve, y que me mandan a la policía por maltrato infantil. A eso se juntó que otro de mis hijos se cayó por las escaleras y se lastimó mucho. Hasta estuve detenida, y después de eso, me enviaron a México. A pesar de eso, yo les he mandé dinero, y luego les pedí que mejor se vinieran para acá a vivir conmigo. Ellos aceptaron a pesar de que ellos nacieron allá, ellos son americanos, pero sí aceptaron venir conmigo a vivir. (Bianca Guevara, 39 años, entrevista, Santa Ana Acozautla, Santa Isabel Cholula, Puebla, 2019).

Cuando una mujer se mueve se accionan los demás elementos femeninos de la red, como son madres, hijas, hermanas, familiares, vecinas y amigas. No obstante, la migración femenina tiende a ser criticada, sobre todo si quien migra es madre, la cual es culpabilizada en distintos niveles: desde ella misma, hasta la sociedad que la conoce. Para disminuir esta culpa, ella pone mucha atención y énfasis en la realización de las labores de cuidado, que en el caso de este capítulo, refieren al cuidado a la salud. Por lo tanto, dichas labores son centrales en las experiencias migratorias transnacionales y de las redes. "El cuidado estimula y facilita el movimiento transfronterizo y generizado del trabajo, lo que provoca una dimensión dialéctica en la agencia femenina, que se articula a varios ejes analíticos" (Magalhaes, 2013, p 126).

Asimismo, el aumento de integrantes de la red migratoria provoca un aumento en las labores de cuidado por parte de las mujeres. En respuesta a la lógica que marca su género, las mujeres aceptan realizar estos cuidados como parte de las funciones sociales que les corresponden, aún a sabiendas de que esta designación, como cuidadoras de la familia, puede acarrearles problemas de falta de ingresos o reducción de los mismos, así como carencias en la interacción social, desgaste físico y mental, agotamiento, depresión, problemas de salud, etc.

La construcción del género a través de las prácticas sociales se compone de las formas en las que las personas deben regular sus comportamientos y actitudes hacia los demás y, en ello, se entiende que muchas situaciones están tan normalizadas, que se piensa que existen conductas y situaciones adecuadas para hombres y mujeres; "es decir, las funciones biológicas se construyen y son promovidas social y culturalmente reafirmándolas como naturales, los individuos las aceptan como un deber ser y son vividas con condicionamiento social y moral" (De Los Santos, 2012, pp. 141-142). Es así que, a partir de estas atribuciones, las mujeres deben encargarse del bienestar y los distintos cuidados en sus familias, desde lo económico hasta lo moral, pasando entonces también, por el cuidado de la salud.

> Hombres y mujeres han aprendido a través de un discurso social que las mujeres poseen cualidades óptimas para desempeñarse como cuidadoras "ideales", este supuesto se basa de cuatro aspectos: el primero está ligado con las "virtudes femeninas"; el segundo, se vincula con su rol social que le atribuye y la responsabiliza de atender el hogar y la familia; el tercero, se asocia a la calidad del cuidado, dado que la mujer está mejor capacitada y cualificada emocionalmente al ser más "cariñosas o amorosas al trato" y el cuarto fundamentado en una supuesta "abnegación natural" que representa una forma de apropiarse de la satisfacción de las necesidades de los otros anulando los propios intereses motivada por el afecto" (De los Santos, 2012, p. 142).

Así, los cuidados brindados por las mujeres son el soporte principal para el funcionamiento de las familias y de las redes migratorias; a pesar de que existe desigual implicación de los miembros de la familia en torno a los cuidados, de ahí que esta responsabilidad sigue recayendo entre los cónyuges y las hijas confirmándose la jerarquía en la dispensación de atención según generación y sexo dentro de la parentela" (Martínez, 2010, p. 101).

Cuidados transnacionales

En contextos transnacionales se observa que la mujer refuerza los lazos en distintos contextos migratorios, estableciendo elementos de reciprocidad sobre las formas de brindar cuidados (económicos, morales y de diversos tipos), los cuales las vinculan con las demás mujeres integrantes de una red migratoria. Como expresa Sassen (2001), la frontera, y en sí, el concepto de migración, conlleva beneficios y responsabilidades a quienes migran, pero para el caso de las mujeres, también deriva en múltiples procesos de explotación.

A través del trabajo de campo fue posible observar y escuchar a las mujeres poblanas migrantes, quienes hablaron sobre las dificultades que tienen para cuidar a sus hijos, tanto a la distancia como de forma presencial. Además, hicieron alusión a las formas en las que sobrellevan la enfermedad y el envejecimiento de sus padres en las comunidades de origen. También compartieron sobre las formas en las que aplican sus conocimientos en torno al cuidado de la salud con los integrantes de su red migratoria que se encuentran con ellas en Estados Unidos. Igualmente, expresaron sus técnicas de autocuidado, ya que están conscientes de que si algo les sucede, la red podría fragmentarse o podrían presentarse situaciones como el retorno forzado.

Parella (2007) utiliza el término de madres transnacionales en las relaciones en las que existe una transferencia de cuidado de las abuelas hacia los nietos, lo que se denomina abuelas-madres. Dichas relaciones son muy importantes, ya que sin los cuidados y conocimientos de las abuelas, la migración no sería posible. Es así que migrar sin hijos implica dejarlos al cuidado de alguien más, mientras que las madres que se encuentran en el país de destino se dedican también a cuidar, pero a hijos ajenos, a padres ajenos, incluso a mascotas ajenas, como parte de sus actividades de trabajo doméstico. Esta conciliación a distancia, denominada maternidad transnacional, implica una relación de cuidado más allá de las fronteras, de forma intensiva, como una referencia tradicional de las relaciones maternales, las cuales pueden manifestarse a través del envío de remesas y de bienes.

El cuidado en todas sus formas, a pesar de la distancia, es primordial en toda relación familiar y, a su vez, es un elemento que permite mantener cohesión con los lazos familiares. Por eso es que el cuidado no incluye solo lo personal, sino también el sostenimiento económico (por medio de las remesas); el apoyo práctico a través de consejos, opiniones y sostén en la vida cotidiana de los miembros de la familia; así como el soporte emocional. Por eso es que, en el cuidado de la salud en cualquiera de sus formas, las familias migrantes desarrollan estrategias para mantener sus vínculos con su país de origen. Incluso, para mantener una buena salud mental entre las mujeres migrantes y sus familias, se establecen sólidos lazos a través de llamadas telefónicas, videollamadas, mensajes de textos, cartas y distintos tipos de envíos; todas, estrategias que fortalecen los vínculos entre madres e hijos.

Las remesas monetarias se convierten en una señal de compromiso y de cariño, creando una cohesión entre los miembros de la familia. Mientras tanto, las remesas sociales, definidas como el conjunto de valores, comportamientos y capital social entre el origen y el destino (Levitt, 2001), refuerzan los lazos entre estas redes. Tal como se observa en el testimonio de Gracia López, las remesas sociales se definen aportando también cuidados emocionales:

> Yo siempre estuve pendiente de mis hijos cuando estaban en Puebla. Les mandaba dinero, le preguntaba a mi mamá y a ellos si no les hacía falta nada, si comían a sus horas; a mis hijos les preguntaba qué juguete o qué ropa querían para conseguírselos. Con eso, ellos me sabían presente, aunque sea de esa forma, sabían que mamá estaba lejos, pero que aún así, los ayudaba y siempre quería que estuvieran bien. (Gracia López, 36 años, entrevista por Zoom, 2021).

Esta cohesión con la red migratoria, como trama, ayuda al mantenimiento y transferencia de conocimientos en torno al cuidado en general, y en este caso específico, a la salud.

> [La trama es] toda la urdimbre social, económica, política e incluso policial y militar; a las narrativas y discursos sociales sobre migración y cuidado y a los proyectos o confabulaciones (neo)coloniales que se ponen en marcha para mantener un régimen transnacionalizado del cuidado a partir de la administración de la movilidad,

> del gobierno y la administración de la necesidad o deseo
> de migración de mujeres y personas devaluadas por su
> identidad de género o sexualidad o su marcación racial e
> incluso etaria en un régimen de la división sexual, racial
> internacional del trabajo. (Esguerra, 2020, p. 114).

Los cuidados a la salud se tornan como transnacionales porque involucran la transferencia de conocimientos o de capital cultural. De ahí, el uso y aplicación de la medicina tradicional mexicana que, de alguna forma, permite el mantenimiento de la salud, al menos en el ámbito mental, ya que sus efectos tienden a ser preventivos. Estas transferencias de conocimientos implican el sostenimiento de la migración y promueven el desarrollo. En estas cadenas transnacionales se observa, por ejemplo, a las mujeres entrevistadas como trabajadoras en empacadoras, donde reciben un ingreso que permite que ellas y sus familiares en el lugar de origen se sostengan; sin embargo, en lo privado, realizan labores de cuidado sin recibir remuneración. Así, ellas se dedican al cuidado de sus familiares o integrantes de su red, aunque sea de forma parcial; en cambio, entre los hombres no siempre se ve este cuidado.

> Cuando mi papá se enfermó [en Estados Unidos], entre mis hermanas y yo lo cuidábamos, mis hermanos no lo cuidaban para nada, sólo preguntaban cómo estaba y ya. En cambio, entre nosotras nos turnábamos, y mi mamá, desde el pueblo, nos enviaba cosas para curarlo, como tés y remedios que ella conoce. Igual cuando alguno de nuestros hijos o marido se enferma, las que nos dedicamos a cuidar, pues somos nosotras, es una labor que siempre nos dejan a nosotras, y a veces pasa que cuando la hacen los hombres, no les sale bien, por eso es que mejor nosotras nos dedicamos a eso. (Silvia Jácome, 42 años, entrevista por videollamada de WhatsApp, 2022).

En la conformación de la familia transnacional, a pesar de la separación física, no hay ruptura de los vínculos afectivos, aunque sí se gestan nuevas dinámicas de cuidado y poder. La familia transnacional surge sobre todo cuando migran las mujeres, ya que hay un reacomodo de las relaciones de género en todos los entornos. Las redes femeninas se hacen más fuertes, e incluso se amplían, ya que se incluyen a otras mujeres como parte de esta red; además, con la finalidad de garantizar la supervivencia del grupo doméstico, permiten la movilidad o la migración de otras mujeres.

Las familias transnacionales han buscado formas de cuidar al sector más vulnerable: los adultos mayores. No sólo se aplican las remesas para el beneficio de los adultos mayores, sino que también se hace uso de las tecnologías de la comunicación, las visitas o retornos temporales cuando es posible y el apoyo que brindan las redes migratorias que se quedan en el lugar de origen. Entonces, se observa la capacidad de brindar cuidados a pesar de las fronteras nacionales, "lo cual incluye otorgarles recursos económicos, emocionales y morales para cubrir sus necesidades" (Ramírez Contreras, 2022, p. 51).

ESTRATEGIAS DE CUIDADO A LA SALUD

La crisis de los cuidados ha sido uno de los motores de la feminización de la migración. Las mujeres comienzan a migrar para lograr la reunificación familiar, pero también para otorgar distintos tipos de cuidados. Con la migración, las mujeres poblanas no sólo han ganado ingresos, sino que también se han empoderado. Sin embargo, siguen aisladas, al realizar dobles y triples jornadas, ya que como se ha visto a lo largo de este escrito, también trabajan en el ámbito privado.

En todas las fases migratorias ha sido necesaria la migración femenina. En diversas entrevistas, se recabaron testimonios que refieren que siempre es positivo que una mujer migre junto con la red, ya que ellas son más aptas para cuidar en caso de alguna enfermedad o peligro. Esto, a pesar de que su misma migración conlleva ciertas vulnerabilidades, tales como abuso sexual, explotación sexual y laboral, violencia sexual por parte de sus parejas, entre otras. La mayoría de los hombres entrevistados enfatizaron la conveniencia de la migración femenina con la finalidad de ganar recursos, así como de llevar a cabo actividades meramente de cuidado, las cuales ellos no realizan.

Sin embargo, muchas migrantes poblanas mencionaron que ellas comenzaron a migrar justamente porque algún miembro de la familia cayó en enfermedad. Leticia Ramos, migrante de 41 años, originaria de Santa Ana Acozautla, decidió migrar porque su madre tuvo un accidente que la dejó en quiebra económica por los gastos que la familia tuvo que hacer. Ella, preocupada por la salud y bienestar de su madre, pero apoyada de su red migratoria, decidió ir a Estados Unidos con la finalidad de enviar recursos económicos para que su madre continuara con sus tratamientos médicos. Hasta la actualidad, su madre reconoce que, gracias a la migración de su hija, ella se encuentra bien de salud.

En el caso de esta familia, se reconoce que las hijas migraron con el objetivo de mejorar la salud de su madre, mientras que los hijos lo hicieron con el fin de comprar terrenos y vehículos. Es así que, ante la falta de seguridad social en México, una situación que destaca entre varias mujeres migrantes entrevistadas es la preocupación por la ausencia de cuidados hacia sus padres mayores. "En general, han sido tres las variables detectadas que resultan fundamentales a la hora de determinar quién se tiene que ocupar de cuidar a la persona dependiente en el hogar: el sexo, el grado de parentesco y el estado civil" (Mayobre y Vázquez, 2012, p. 92).

Hay mujeres que ocultan físicamente los costos emocionales que han sufrido, a través de llevar a cabo enérgicamente actos de cuidado a otros. Por ejemplo, Rosa Hernández, originaria de la ciudad de Puebla, con estudios de licenciatura en Psicología y que actualmente vive en Rochester, en el condado de Monroe, Nueva York, comenta que, para ella, fueron muy difíciles las enfermedades por adicción a las drogas y al alcohol de uno de sus hijos, las cuales contrajo por su estilo de vida en Estados Unidos, y que ligadas a problemas de obesidad, lo condujeron a la muerte. A partir de ahí, ella comenzó a integrar en su vida cotidiana diversos elementos de cuidado a su salud, tales como la alimentación sana, ejercicio, yoga, meditación, entre otros. Ella realiza labores de limpieza y domésticas, así como cuidado de mascotas y caballos en Rochester y, con las ganancias de esas actividades, envía remesas a su madre, quien se encuentra viviendo en Puebla. También se dedica a dar cursos de yoga, meditación y apoyo psicológico, sobre todo a hombres que están en una situación similar a la que pasó su hijo. A lo largo del tiempo, otras mujeres migrantes se han unido a ella e imparten estos cursos a hombres migrantes.

Por su parte, Liliana Conde, originaria también de la ciudad de Puebla, comentó por llamada telefónica que, para ella, la separación familiar fue muy difícil, ya que sus hijos y sus padres se quedaron en el origen, y eso a ella le ocasionó problemas de salud física y mental. Se dio cuenta que esto repercutió también en sus hijos, y derivó en un embarazo juvenil y alcoholismo. Ella menciona, a su vez, la importancia del cuidado de la salud física y mental entre las personas migrantes e integrantes de la red, ya que muchas veces ésta pasa desapercibida, y al no tratarse adecuadamente, desemboca en otros problemas de salud. De ahí que ella, tal como Rosa Hernández, practica ejercicio y meditación.

Cabe decir que hay mujeres integrantes de la red migratoria que nunca han migrado, pero que son madres, hermanas o familiares de las que sí se han ido a Estados Unidos. A las mujeres que se quedan también se les encargan actividades de cuidado y, de acuerdo con lo que ellas mismas mencionan, están especialmente preocupadas por el bienestar de los hijos ajenos de los que quedan a cargo, por lo que se empeñan en su cuidado para evitar problemas como enfermedades, bajo rendimiento escolar o delincuencia.

La mujer cuidadora de sí misma

Al percibirse como mujeres mexicanas en un país distinto al que nacieron, las mujeres migrantes ejecutan prácticas de resistencia tales como la aplicación de los conocimientos para el cuidado a la salud. A pesar de que

> El cuidado proporcionado por las madres y otras mujeres de la familia puede ser un "trabajo de amor" (...) nunca es solamente eso: involucra trabajo duro y responsabilidad; involucra tiempo, energía, dinero y perder oportunidades alternativas. Además, el déficit de cuidado debilita los lazos sociales y resulta en una pérdida de capital humano (Faur y Jelin, 2013, p. 114).

Esta situación la reconocen las mujeres migrantes poblanas, de ahí que se empeñen en llevar a cabo diversos tipos de actividades de cuidado. Sin embargo, el cuidado de la salud por parte de las mujeres poblanas migrantes tiene repercusiones en ellas mismas en los ámbitos social, físico y mental. Este planteamiento coincide con el estudio de Casado Mejía et al. (2012, p. 550), en el que se observó que en las mujeres cuidadoras "se han hallado síntomas como tristeza, apatía, cansancio, irritabilidad, ansiedad, tensiones musculares, alteraciones del sueño y dolores".

Su misma situación de irregularidad migratoria las coloca en una condición de estrés que afecta su salud y, a pesar de ello, tienen que cuidar de sí mismas y de los integrantes de su red migratoria. El testimonio de Paola Ascencio, efectivamente, muestra esta situación:

> Una lo que más miedo tiene aquí es a ser deportada. Vas por la vida tratando de no cometer ningún error. Por eso

siempre me cuido, hago mis ejercicios, como bien, no me meto en problemas de alcohol ni nada de eso para andar bien. Ya me he enfermado, una vez me tuvieron que operar la vesícula aquí, y me costó muchísimo dinero, muchísimo. De ahí decidí cambiar mi estilo de vida, tanto para evitar esos gastos, como el temor de que los médicos vayan de soplones y avisen a las autoridades sobre tu situación de irregularidad. Yo por eso, me cuido y cuido a quienes vienen conmigo, para estar todos bien, y poder seguir trabajando. (Paola Ascencio, 53 años, entrevista, Nueva York, 2012).

Asimismo, la salud mental entre las mujeres migrantes es un tema importante, ya que entre muchas de ellas suele haber tristeza, depresión y ansiedad. "La "culpa depresiva" por la sensación de abandono familiar en las mujeres inmigrantes, puede manifestarse con tristeza, pero conservan una esperanza que les alienta a seguir luchando" (Casado-Mejía, 2012, p. 551). Esto se conoce a su vez como duelo migratorio, y una forma de soportarlo es empeñarse en el bienestar de los integrantes de la red.

Puede concluirse que el cuidado familiar encargado a mujeres inmigrantes tiene importantes repercusiones en su salud. Al ser un trabajo en el contexto doméstico, privado e invisible, puede facilitar relaciones de dominación y explotación, que junto a un alto grado de dependencia de la persona cuidada crean condiciones perjudiciales para la salud. Si las relaciones interpersonales son de buen trato e igualitarias, se constituyen como factor de protección para todas las personas en contacto. El segundo factor más influyente en la salud de estas cuidadoras es la elaboración satisfactoria o no del duelo migratorio (Casado-Mejía, 2012, p. 552).

El cuidado de la salud de otros implica que estas mujeres pierden interacción laboral y social al dedicarse a estas actividades, lo cual las lleva a un aislamiento social, al tiempo de que cuidar significa que no tienen descanso. Relatan que muchas de ellas tienen problemas psicológicos, depresión, estrés y ansiedad como factores que rodean el acto de cuidar. De ahí la importancia de reconocer que la mujer no solamente cuida, sino que también necesita ser cuidada, ya que padece de distintas afecciones físicas y mentales. Es de destacar que, en muchos de los casos, a través de entrevistas y de observación, consta que las mujeres poblanas migrantes, a pesar de las dificultades por las que atraviesan, tienden a cuidar más su salud respecto a los hombres migrantes.

Consideraciones finales

Las mujeres entrevistadas se asumen a sí mismas como cuidadoras de la familia, de su bienestar y de su salud, a sabiendas de que realizar esta actividad deriva en una doble o triple explotación. A pesar de las incomodidades que conlleva, ellas comentan que prefieren realizar este cuidado que desembolsar económicamente, o realizar cuidados más profundos en un hospital, o asumir dobles jornadas laborales al estar enfermo algún miembro de la familia, para amortiguar estos gastos económicos.

Entonces, las mujeres ponen énfasis en el cuidado de la salud en el origen, tránsito, destino y retorno. Incluso, se observa un mayor retorno entre las mujeres migrantes poblanas entrevistadas cuando sus familiares en el origen enferman, en relación con las causas de retorno entre los hombres de la misma red migratoria.

Las tareas y estrategias de cuidado a la salud, llevadas a cabo por mujeres, ayudan a mantener la red migratoria, sobrellevar los problemas económicos, apoyar a la familia y promover el desarrollo de las comunidades de origen con el envío de remesas, lo cual es una tarea vital que perpetúa y mantiene la migración México-Estados Unidos. Aunque las mujeres migrantes poblanas hayan asumido que ésta es una tarea propia de ellas, e incluso para ellas, estas labores de cuidado deben ser repartidas de forma incluyente, con enfoque participativo de los demás miembros de la red migratoria, con el fin de evitar la perpetuación de las desigualdades de género.

No obstante, los poblanos entrevistados afirman sentir preocupación sobre quiénes desempeñarán las labores de cuidado en los próximos años, sobre todo porque las mujeres que ahora cuidan de la salud de la red migratoria familiar están envejeciendo y retornando a sus comunidades de origen, ya con problemas de salud causados por la misma edad, o por factores externos, como lo laboral. Las niñas que antes cuidaban a sus hermanos en Estados Unidos, o las que cuidaban a los padres mayores, suegros e hijos en el lugar de origen, se dedican ahora tanto a actividades económicas, como a incrementar sus niveles de escolaridad. Por ello, es necesario establecer enfoques de género en los estudios migratorios para poder implementar acciones que lleven a una equidad a las mujeres migrantes y a sus familias en cuanto a su salud física y mental, y lograr así bienestar en la dualidad de mujeres y migrantes.

"Es preciso recordar que cuidar es sostener la vida, es decir, cuidar es una política antitanatopolítica y antinecropolítica, una política poiética y de la (re)producción. Al mismo tiempo, la pandemia iniciada en 2020 expone una crisis de la reproducción o del cuidado, es decir, del mantenimiento de la vida" (Esguerra, 2021, p. 139). Es importante tener en cuenta que, en estos procesos, están presentes las emociones, los sentimientos y los conocimientos, los cuales conforman las bases de la migración y la perpetúan.

Por ello, es necesario reconocer el valor del trabajo de cuidados no remunerado (Gammage y Orozco, 2008) de las mujeres, "del cuidado como un asunto público que compete a los Estados, gobiernos locales, organizaciones, empresas y familias, y la necesidad de promover la responsabilidad compartida de mujeres y hombres en el ámbito familiar" (Orozco, 2007, p. 8).

Surge entonces el planteamiento de eliminar las inequidades en torno a las cadenas de cuidados, para que todos los integrantes de una red puedan disfrutar de forma igualitaria de los beneficios de los cuidados de los que normalmente están a cargo las mujeres migrantes, al tiempo que se ven subsumidas bajo dobles o triples jornadas. Asimismo, se presenta la propuesta de que las mujeres migrantes deben tener un equilibrio entre las actividades laborales y de cuidado que realizan, ya que la ejecución de ambas claramente daña su salud de forma integral.

Se considera que la salud de las mujeres es mejor que la de los hombres; sin embargo, la edad, el trabajo, los problemas congénitos, la falta de atención médica, entre otros elementos, la dañan, por lo que se necesitan mecanismos para el cuidado y bienestar de las mujeres migrantes. Los debates al respecto se han intensificado no sólo debido a la reciente pandemia de COVID-19, sino también gracias al enfoque feminista de las Ciencias Sociales y los estudios migratorios. Sin embargo, al haber carencia institucional respecto al cuidado de la salud de las mujeres, otras mujeres de la familia son quienes cuidan a las migrantes afectadas, reproduciendo nuevamente esta cadena de cuidados.

Por ello, muchos migrantes ven viable que los hombres también se involucren en estas actividades de cuidado; sin embargo, la variable del género impide que ésta sea una opción adecuada para ellos, ya que consideran que, por ser hombres, no son adecuados para cuidar. Para el caso mexicano, se sugiere mejorar el acceso a los servicios de salud a los que tienen derecho las mujeres migrantes de retorno, así como implementar a nivel federal acciones como la Estrategia Interinstitucional de Atención Integral a Familias Mexicanas Repatriadas y en Retorno.

A través de este proceso de investigación se ha observado que, para el caso poblano, las mujeres migrantes retornan cuando en Estados Unidos se ha dañado su salud. Sin embargo, en México pueden enfrentarse al problema de falta de acceso al derecho a la salud, ya que no hay programas específicos dedicados a ellas, al tiempo que sus recursos económicos se ven mermados al atenderse de forma privada. Debido a esta problemática, algunos autores como Bilecen y Barglowski (2015, p. 216) se han referido al término de protección social transnacional, a través del cual se debe retribuir a la mujer, al considerarla como generadora de recursos enviados hacia las comunidades de origen, donde se ha promovido el desarrollo a distintas escalas.

Como se observa, las labores de cuidado brindadas por las mujeres migrantes poblanas suplen la ausencia de políticas públicas respecto al cuidado de la salud por parte del Estado mexicano. Por ello, se sugiere que los gobiernos retomen los avances en políticas públicas integrales en torno al fortalecimiento de los marcos jurídicos en materia de cuidados, tales como los referentes a la Comisión Interamericana de Mujeres (CIM/OEA). Al respecto, en el año 2014 México presentó la aprobación en la Cámara de Senadores de una reforma constitucional para considerar el trabajo de cuidados como un Derecho Humano, lo cual es un logro, pero falta legislar y trabajar más al respecto (Instituto Belisario Domínguez, 2014).

Así, es importante el papel del Estado mexicano y del estadounidense, como garantes de los derechos humanos en torno al cuidado de la salud, no sólo de las familias migrantes, sino de la sociedad en general, ya que en suma, se pone en evidencia la injusticia de la sociedad patriarcal al dejar esta labor sólo a las mujeres.

BIBLIOGRAFÍA

Bilecen, B., and Barglowski, K. (2015), "On the Assemblages of Informal and Formal Transnational Social Protection". *Popul. Space Place*, 21, 203–214. doi: 10.1002/psp.1897.

Casado-Mejía, R., Ruiz-Arias, E., Solano-Parés-A. (2012). "El cuidado familiar prestado por mujeres inmigrantes y su repercusión en la calidad del cuidado y en la salud", *Gaceta Sanitaria, España*, 26(6), 547–553.

Consejo Nacional de Población (CONAPO), Fundación BBVA y BBVA Research (2022). *Anuario de Migración y Remesas México 2022*. Conapo-Fundación BBVA-BBVA Research. México.

Cruz Carvajal, C. (2021). "Las enfermedades de los migrantes poblanos en Nueva York: problemáticas individuales y del Estado mexicano", *Diarios del Terruño*, número 11, enero-junio, 138-157.

D'aubeterre Buznego, M. E., Rivermar Pérez, M. L., & Gutiérrez Domínguez, L. F. (2018). "Poblanas en el Nuevo New South (Carolina del Norte): Migración acelerada, patrones emergentes de migración femenina y trabajo precario". *Migraciones internacionales*, 9(3), 66-92.

De los Santos A., Perla Vanessa y Carmona Valdés, Sandra Emma. (2012). "Cuidado informal: una mirada desde la perspectiva de género". *Revista Latinoamericana de Estudios de Familia*, (4), 138-146.

Díaz, M. E. (2008). "El impacto del género en las migraciones de la globalización: mujeres, trabajos y relaciones interculturales". *Scripta Nova. Revista Electrónica de Geografía y Ciencias Sociales*, (12), 1-15.

Díaz Gómez, L., & Marroni, M. D. G. (2017). "Abuelas en la migración. Migración circular, servicios de cuidados y reunificación familiar en una localidad del occidente michoacano". *Relaciones. Estudios de historia y sociedad*, 38(151), 263-295.

Esguerra Muelle, C. (2021). "Tramas transnacionales del cuidado: una 'lucha con los ángeles', teoría y metáforas sobre cuidado y migración". *Antípoda. Revista de Antropología y Arqueología*, 43, 121-142. En: https://doi.org/10.7440/antipoda43.2021.06

Esguerra Muelle, C. (2020). "Complejo industrial fronterizo, sexualidad y género", *Tabula Rasa*, 33, 107-136. https://doi.org/10.25058/

20112742.n33.0

Faur, E. y Jelin E. (2013). "Cuidado, género y bienestar. Una perspectiva de la desigualdad social", *Voces del Fénix,* (23), 110-116.

Gammage, S., & Orozco Corona, M. (2008). *El trabajo productivo no remunerado dentro del hogar: Guatemala y México,* México, CEPAL.

Hochschild, A. R. (2002): *Love and Gold, in Ehrenreich, B.; Hochschild, A. R. (eds.): Global Women: Nannies, Maids and Sex Workers in the New Economy,* New York. Henry Holt and Company.

Hondagneu-Sotelo P. y Ávila, E. (1997). "I'm Here, but I'm There: The Meanings of Latina Transnational Motherhood". *Gender and Society,* 11(5), 548-571.

Instituto Belisario Domínguez (2014). *La reforma constitucional sobre derechos humanos. Una guía conceptual. México, Senado de la República,* México.

Levitt, L. (2001). *The transnational villagers.* University of California Press.

López, E. et al (2023). "Cuidar en y a través de la migración transnacional", en González Torralbo, Herminia y Menara Guizardi (eds.). *Cuidados y movilidades femeninas en América Latina,* Ril Editores, Santiago de Chile: 67-102.

Magalhães, L., et al (2023). "Los cuidados en regiones fronterizas", en González Torralbo, Herminia y Menara Guizardi (eds.). *Cuidados y movilidades femeninas en América Latina,* Ril Editores, Santiago de Chile, 103-130.

Martín, M., Damamme, A. (2020). "Cuidados, en la encrucijada de la investigación", *Cuadernos de Relaciones Laborales,* 38(2), 205-216.

Martínez Buján, R. (2010). "La reorganización de los cuidados familiares en un contexto de migración internacional". *Cuadernos de Relaciones Laborales,* Vol. 29, núm. 1, 93-123.

Mayobre, P. y Vázquez, I, (2015). "Cuidar cuesta: Un análisis del cuidado desde la perspectiva de género". *Revista Española de Investigaciones Sociológicas,* 151, 83-100. (http://dx.doi.org/10.5477/cis.reis.151.83)

Mead, M. (1972). *Sexo y temperamento en las sociedades primitivas*, Barcelona, Paidós.

Monera, R. O. (2017). *Cadenas globales de cuidados, crisis y deudas. Un estudio de caso* (Doctoral dissertation, Universitat de Barcelona).

Monreal, M., Cárdenas, R., y Martínez, B. (2019). "Estereotipos, roles de género y cadena de cuidados. Transformaciones en el proceso migratorio de las mujeres". *Collectivus, Revista de Ciencias Sociales*, 6(1), 83-99.

Orozco, A. (2007). *Cadenas globales de cuidado, INSTRAW, Serie Género, Migración y Desarrollo, Documento de trabajo 2*.

Parella, S. (2007). "Los vínculos afectivos y de cuidado en las familias transnacionales: Migrantes ecuatorianos y peruanos en España". *Migraciones internacionales*, 4(2), 151-188.

Parella, S., & Reyes, L. (2019). "Identidades interseccionales: mujeres migrantes poblanas con estatus migratorio indocumentado" en Nueva York. H. Gonzálvez Torralbo, DC Fernández-Matos & MN González Martínez (Comps.), *Migración con ojos de mujer. Una mirada interseccional*, 85-118.

Ramírez Contreras, M.G. (2022). "Cuidado transnacional de adultos mayores mexicanos: las redes de apoyo en contextos migratorios" en Orozco Mares, I. *Cultura y educación. Estudios e intervenciones en salud*. México, Quartuppi, 50-58.

Ruiz Marrujo, Olivia. (2017). "La deportación y la separación familiar en la frontera San Diego-Tijuana". *Culturales*, 5(1), 121-149. Recuperado en 22 de septiembre de 2024, de http://www.scielo.org.mx/scielo.php?script=sci_arttext&pid=S1870-11912017000100121&lng=es&tlng=es.

Sassen, S. (2001). *The excesses of globalisation and the féminisation of survival*. Parallax, 1(7), 100-110.

Yeates, N. (2012). "Global care chains: a state-of-the-art review and future directions in care transnationalization research". *Global Networks*, 12(2), 135-154.

Capítulo 5

....

Perfil sociodemográfico en la primera migración: ¿mujeres en camino a la precariedad laboral?

Daniel Vega Macías

Resumen

El trabajo analiza el perfil sociodemográfico de las mujeres guatemaltecas y venezolanas que cruzarían a México por la frontera sur en búsqueda de trabajo, o bien, que transitan hacia Estados Unidos también por motivos laborales. Con base en los microdatos de la Encuesta sobre Migración en la Frontera Sur de México 2022 (Emif Sur), se exploran las maneras en las que las características personales como edad, etnicidad, experiencia laboral previa, educación, redes migratorias, entre otras, inciden en la incorporación laboral futura de estas mujeres migrantes. El foco del análisis está en las mujeres que entrarían por primera vez al territorio mexicano, las cuales tienen bajos niveles educativos, poca experiencia laboral y están en condición de irregularidad, lo cual puede tornarlas en un grupo aún más vulnerable respecto de aquellas mujeres que ya tienen experiencia migratoria previa.

Palabras clave: frontera sur, mercados duales de trabajo, migración internacional, mujeres, precariedad laboral

Introducción

Este capítulo tiene como objetivo examinar el perfil sociodemográfico de las mujeres guatemaltecas y venezolanas que migran por primera vez a México por motivos laborales, o bien, que transitan hacia Estados Unidos también en búsqueda de trabajo. Esta investigación pone particular énfasis en las condiciones de partida relacionadas con el capital humano y social de aquellas mujeres sin experiencia migratoria previa en México o en Estados Unidos. Estas mujeres resultan de particular interés debido a que su falta de experiencia migratoria en los países receptores, así como la posesión de un capital humano limitado, pueden significar un augurio de precariedad laboral en su proyecto migratorio. En este sentido, las mujeres que tienen la intención de emprender o continuar su primera migración contrastarían con aquellas que ya han pasado algún tiempo en el país receptor, o con aquellas que han realizado múltiples desplazamientos, quienes han acumulado capacidades y conocimientos derivados de sus experiencias migratorias (Massey y Capoferro, 2006).

Esta investigación se inscribe en el contexto de la llamada feminización de las migraciones, es decir, del aumento del número de mujeres que participan en los movimientos de población internacionales relacionados, en gran medida, con la demanda de trabajo femenino, aunque también con la inseguridad y los desastres naturales en los lugares de origen (Castles y Miller, 2004). Es importante mencionar que esta mayor participación femenina no obedece solo a un incremento del número de mujeres en los procesos migratorios, sino que nuevas maneras de enfocar el fenómeno han hecho más visible la presencia de las mujeres en la dinámica migratoria (Ángeles y Rojas, 2000). Por tanto, este trabajo busca favorecer la comprensión de las vulnerabilidades y riesgos a los que se exponen las mujeres migrantes, a sabiendas que su incorporación en el mercado laboral muchas veces se da en empleos informales e inseguros que las sitúan en un riesgo mayor de ser explotadas (Bastia, 2009; Rebolledo y Rodríguez, 2019). De hecho, estas mujeres pueden experimentar condiciones aún más precarias que las de los hombres migrantes, ya que muchas veces son discriminadas y explotadas laboralmente, lo cual se refleja en salarios más bajos y en largas jornadas laborales, sobre todo en ocupaciones no calificadas (Barrera y Ortiz, 2021).

En particular, el trabajo se interesa en conocer si el perfil sociodemográfico de las mujeres migrantes puede ser un factor que aumente las posibilidades de sufrir precariedad laboral en el país de destino. A partir de los microdatos de la Emif Sur 2022 se analizan los datos sociodemográficos de mujeres provenientes de Guatemala y de Venezuela. El flujo guatemalteco ha sido el más recurrente en la frontera sur y está asociado más a movimientos migratorios intrarregionales tradicionales; mientras tanto, el flujo venezolano tiene un carácter más reciente en el país. Al tratarse de poblaciones con tradiciones migratorias y perfiles sociodemográficos distintos, en la investigación se parte de la idea de que pueden tener incorporaciones al mercado laboral también desiguales. De ahí el interés por su comparación.

En las páginas que siguen, en primer lugar, se describe un breve contexto de la dinámica de los flujos migratorios en la frontera sur de México. Enseguida, se presenta una revisión sucinta de las teorías y categorías analíticas que guían la investigación. En tercer lugar, se muestran de manera detallada los métodos y fuentes de información en los que se basa esta investigación. En cuarto lugar, se presentan y discuten los resultados que permiten conocer el perfil socioeconómico de las mujeres que por primera vez pretenden cruzar la frontera sur de México. Finalmente, en el último apartado, se presentan algunos planteamientos a modo de conclusión.

Contexto de la investigación

Históricamente, la frontera sur de México ha sido una zona muy dinámica en las relaciones comerciales y de movilidad poblacional; es así que coexisten flujos que se dirigen hacia Estados Unidos y otros que tienen como destino temporal la región del Soconusco en México. De hecho, por mucho tiempo las políticas de control migratorio en la frontera sur eran prácticamente inexistentes, ya que las relaciones comerciales y el sector agrícola, principalmente, propiciaban de manera natural la movilidad de la población, sobre todo guatemalteca, en un contexto de escasa o nula regulación (Ángeles y Rojas, 2000; Castillo, 2003). Cabe decir que la movilidad laboral de guatemaltecos a México inició desde finales del siglo XIX con la instalación de las fincas cafetaleras y, en la actualidad, continúa siendo importante en la región para el desarrollo agrícola, lo que conforma un mercado laboral local de tipo transfronterizo (Nájera, 2021).

Con todo, la dinámica migratoria en la Frontera Sur de México se ha transformado en cuanto al volumen, la diversidad de orígenes y las políticas de control migratorio. Un cambio significativo se dio a partir del año 2001, luego de los atentados del 11 de septiembre y el consecuente endurecimiento de las políticas migratorias estadounidenses. Si bien Estados Unidos tenía como objetivo principal resguardar sus propias fronteras, la agenda migratoria mexicana en la frontera sur comenzó a alinear objetivos con la estadounidense, apropiándose de temas tales como la seguridad nacional, la seguridad fronteriza y la lucha contra el terrorismo (Castillo y Toussaint, 2015). Ejemplo de ello fue la implementación del Plan Sur, que intentó regular los flujos migratorios en el sur de México a través del aumento de la vigilancia y la securitización del control fronterizo, con la finalidad de disminuir la cantidad de migrantes que llegaban a Estados Unidos.

Posteriormente, con la crisis económica internacional de 2007-2008, la ocurrencia de desastres naturales, el aumento de la violencia, la inseguridad y la inestabilidad política regional, se observó un aumento en el número de migrantes que buscaban transitar por México; asimismo, se diversificaron sustantivamente los orígenes y la manera en que el gobierno mexicano respondía a estos cambios (Contreras y Franco, 2022). De hecho, comenzó a construirse paulatinamente la llamada "frontera vertical" a través de la expansión y la intensificación de las operaciones de control migratorio; es decir, se trazó una frontera que comienza en el sur y sigue a los flujos migratorios que ingresan al país rumbo a Estados Unidos (Domenech y Días, 2020).

El endurecimiento de las políticas migratorias mexicanas y su alineación con la agenda migratoria estadounidense ha ido escalando hasta la fecha. De hecho, en 2018 se instauraron los Protocolos de Protección al Migrante, los cuales tuvieron como objetivo devolver a México a los migrantes irregulares de otros países para esperar la resolución de sus solicitudes de admisión, lo cual para algunos autores convirtió a México en un tercer país seguro[1] de facto (Morales y Vargas, 2021).

Las caravanas migrantes supusieron un aumento considerable en los flujos, el cual derivó en una mayor visibilidad y atención mediática del fenómeno migratorio, y conllevó un aumento explícito en las acciones de regulación, control migratorio y securitización en la frontera sur. Efectivamente, su paso por México tuvo como consecuencia el reforzamiento del andamiaje en la externalización de las políticas migratorias de Estados Unidos en territorio mexicano; es decir, se formularon una serie de acuerdos entre Estados Unidos y México para evitar que los migrantes alcanzaran la frontera compartida, pero las acciones de contención se ejecutaron en México e incluso en los países de origen (Vega, 2022). Estos cambios en la política inmigratoria mexicana implicaron acciones muy drásticas, tales como el despliegue de la Guardia Nacional en 2019 para desarticular dichas caravanas, lo cual evidenció la imposición en la agenda y la presión del gobierno de Estados Unidos, que continúa hasta la actualidad (Castillo, 2022).

---

1 De acuerdo con el ACNUR, "el 'concepto de tercer país seguro' se ha aplicado en los casos en que una persona podría tener o puede encontrar protección en un tercer Estado, ya sea en relación con un caso individual específico o de conformidad con un acuerdo bilateral o multilateral entre los Estados sobre el traslado de solicitantes de asilo" (ACNUR, 2018: p. 1).

Además del aumento en el número de migrantes y el endurecimiento de las políticas de control migratorio, uno de los cambios fundamentales en la frontera sur de México ha sido la diversidad de orígenes de los migrantes. Por un lado, continúa la movilidad laboral intrarregional entre México y Guatemala y aquella relacionada con los migrantes en tránsito provenientes de Guatemala, Honduras y El Salvador, quienes desde la década de los ochenta comenzaron a entrar a México de manera indocumentada con la finalidad de llegar a Estados Unidos (Castillo y Toussaint, 2015). Sin embargo, por otro lado, este perfil de nacionalidades de origen se ha diversificado en la última década; tal como apunta la Organización Internacional para las Migraciones (OIM, 2021), se ha observado un aumento de migrantes de Haití y de otras nacionalidades del Caribe y de países de Asia, África y Sudamérica. Dichos flujos se han intensificado por la crisis socioeconómica generada por la pandemia de COVID-19, los desastres naturales, la violencia social y la inestabilidad política.

Los migrantes originarios de Venezuela son uno de los flujos que más han aumentado. Lo anterior se debe a que:

> Durante el último lustro hemos evidenciado una profunda transformación en la dinámica migratoria de Venezuela: al pasar de ser un país que históricamente atrajo población de diversas partes del mundo (...) a un país eminentemente expulsor. Tres años bastaron para que Venezuela transitara de tener un saldo migratorio positivo, a uno negativo (Gandini, et al, 2020, p. 105).

Según las cifras más recientes de la Agencia de las Naciones Unidas para los Refugiados (ACNUR, 2023), cerca de 7.2 millones de venezolanos han salido de su país en los últimos años, de los cuales alrededor de 6 millones han sido acogidos por países de América Latina y el Caribe. Mientras tanto, otros siguen considerando como principal destino a Estados Unidos, la mayoría de ellos en una preocupante situación de vulnerabilidad socioeconómica. Cabe recordar que, a partir de 2015, la emigración venezolana se tornó masiva, adquiriendo tintes de desplazamiento forzado en un contexto de crisis humanitaria y aumento de la pobreza (Ariza y Jiménez, 2021). De hecho, a diferencia de lo ocurrido con otros migrantes de intensa circulación en la región, en algunos países de Sudamérica los venezolanos se vieron favorecidos al principio con distintas medidas para facilitar su tránsito y residencia, aunque después se limitaron dichas facilidades (Domenech y Días, 2020). Lo anterior provocó que se diversificaran sus destinos, sobre todo con dirección hacia Estados Unidos, incrementando sustancialmente su tránsito y presencia por el territorio mexicano.

Marco teórico

La teoría del capital humano ofrece elementos que contribuyen a explicar las relaciones entre el perfil demográfico de las migrantes y su incorporación a los mercados de trabajo. Dicha teoría, formalizada por Gary Becker, parte de la idea que cada persona tiene unas cualificaciones que determinan las características de su acceso al empleo, algunas que son inherentes y otras adquiridas en el trabajo; es decir, que sitúa al individuo y a sus condiciones personales como responsable último de su posición en el mercado laboral (Fernández, 2010). Para Becker los trabajadores dependen de su educación y formación profesional para mejorar su posición económica, ya que incrementan su productividad y competencias para el mercado de trabajo, lo cual les permite ocupar mejores puestos (Quintero, 2020).

De hecho, la migración laboral misma podría ser percibida por las personas como una forma de inversión en capital humano; sin embargo, las habilidades que un migrante poco calificado adquiere generalmente tienen un valor reducido en el mercado laboral de su país de origen. En cuanto al país de destino, las vacantes laborales de bajo prestigio crean una demanda de trabajadores extranjeros con un capital humano limitado, sin embargo, las malas condiciones de inicio a menudo suelen solventarse al mejorar en experiencia laboral. No obstante, los bajos salarios pagados a los migrantes y su consecuente pobreza pueden causar el deterioro de su capital humano (Grebeniyk, Aleshkovski y Maksimova, 2021).

En principio, la teoría resultaría acorde con lo planteado en este capítulo. Si bien en esta investigación se asume que efectivamente el perfil sociodemográfico determina en buena medida la condición laboral, las características asociadas al ser migrante (sobre todo aquellas asociadas a la irregularidad), así como la composición de los mercados de trabajo, son cardinales en la manera en que las personas se incorporan al mercado de trabajo; incluso, cuando están sobrecalificadas para los puestos que ocupan.

Por tanto, el trabajo se inscribe también en la teoría de los mercados de trabajo duales, delineada a finales de los setenta por el economista estadounidense Michael Piore, que vincula la inmigración a las necesidades estructurales de las economías industriales. Un panorama general de esta teoría propone que el mercado está dividido en dos grandes segmentos: uno primario, que ofrece empleos con salarios altos, buenas condiciones laborales, estabilidad y seguridad en el empleo, equidad y reglas laborales; y otro, secundario, en el que se ofrecen los empleos menos atractivos y de menor prestigio. En el llamado mercado secundario, aquel que es más intensivo en el uso de mano de obra, los trabajadores ocupan empleos inestables, no calificados, con escasas perspectivas de movilidad ocupacional y de seguridad en el empleo. Aquí los trabajadores son considerados prescindibles y fácilmente sustituibles. (Fernández, 2010; Massey et al., 1993).

De acuerdo con la teoría, los inmigrantes satisfacen esta necesidad de mano de obra porque están dispuestos a tener salarios bajos y precarios (aunque son mejores respecto a sus lugares de origen). Es así que, aunque dichos migrantes son conscientes del bajo estatus de sus empleos, no se consideran parte de la sociedad receptora, por lo que esto no suele representar un factor a considerar; al contrario, el envío de remesas a sus lugares de origen conlleva cierto grado de honor y prestigio. Esto, al menos, al inicio de sus proyectos migratorios (Massey et al., 1993).

Para los fines del presente capítulo se suma que, como sostienen Klimczuk y Klimczuk-Kochańska (2016), la teoría de los mercados de trabajo duales puede contribuir a explicar las diferencias de género en el empleo. Esto, debido a que los estereotipos conducen a hombres y mujeres a diferentes segmentos del mercado laboral y segregación ocupacional, lo cual deriva en una representación excesiva de las mujeres en ocupaciones mal remuneradas y de bajo estatus.

Resulta necesario considerar que la teoría tiene algunos aspectos que limitan su capacidad analítica en el terreno de las migraciones internacionales. Por un lado, se centra en explicar dichos flujos sobre todo desde los factores de atracción, ignorando los factores de expulsión en las sociedades de origen (Arango, 2003). Por otro lado, ignora los procesos de decisión a nivel micro, centrándose en factores a niveles de agregación mayores (Massey et al., 1993). Sin embargo, es un esquema explicativo que puede resultar útil para entender cómo esta segmentación de los mercados de trabajo propicia la incorporación de los migrantes a empleos precarios, sobre todo entre aquellas personas que cuentan con un capital humano y social limitado.

El núcleo teórico central de la noción de precariedad laboral tiene relación con la protección social y laboral básica; es decir, con factores como la inseguridad en la relación laboral, la degradación, la vulnerabilidad de la situación de trabajo, la incertidumbre y la insuficiencia de los ingresos salariales y la reducción de las prestaciones sociales para el trabajador. Es decir, la noción afecta de manera simultánea y en diversos grados a las condiciones laborales (Mora, 2012). En suma, en el concepto de precariedad laboral se reconocen cuatro dimensiones: la incertidumbre sobre el futuro del trabajo, la insuficiencia de los ingresos salariales, las malas condiciones de trabajo y la escasa protección social (Vargas y Huerta, 2019).

Si bien hay factores asociados al empleo que inciden en la precariedad laboral, tal como el sector de actividad o el tamaño de la empresa, también en la literatura académica la vincula con variables sociodemográficas como el sexo, la edad, la educación, la experiencia laboral y el estado conyugal del trabajador. Las mujeres, los jóvenes y los adultos mayores, las personas no unidas en pareja, las personas menos escolarizadas y con menor experiencia laboral son los más propensos a padecer precariedad laboral (Covarrubias, 2022; Núñez y Gaxiola, 2016, Vargas y Huerta, 2019). Igualmente, hay factores que la potencian, como la etnicidad (Aguirre, et al., 2021; Vázquez, 2020) y la condición de migrante, donde los trabajadores extranjeros difícilmente compiten con los locales, por lo que se constituyen como una fuerza de trabajo explotable y disponible (Lázaro y Jubany, 2020, Matías, 2023).

Métodos

Esta investigación de tipo cuantitativo está basada en los microdatos de la Emif Sur, coordinada por El Colegio de la Frontera Norte (El Colef). Esta encuesta tiene como objetivo conocer las características de los movimientos migratorios en la frontera sur mexicana, así como las características de las personas que participan en ellos. La Emif Sur capta distintos tipos de flujos: migrantes procedentes de México; migrantes devueltos por las autoridades migratorias de México o de Estados Unidos a Guatemala, Honduras y El Salvador; y los migrantes de distintos países procedentes de la frontera con Guatemala con destino a México o Estados Unidos. Este capítulo da cuenta de este último flujo, compuesto por "individuos no nacidos en Estados Unidos o México, procedentes de Guatemala u otro país y que cruzarían a México con el propósito de trabajar o buscar trabajo en México o Estados Unidos, o bien, permanecer en alguno de esos países por un periodo mayor a un mes", según el sitio metodológico de la encuesta (El Colef, 2022, párr. 2).

La Emif Sur es una encuesta probabilística con un diseño muestral estratificado con dos etapas. En la primera se seleccionan aleatoriamente las jornadas o puntos muestrales, los cuales son una combinación de un intervalo temporal y de un espacio. En la segunda etapa, al interior de las jornadas de campo se realiza un conteo de todas las personas que cruzan un determinado punto (línea imaginaria), así como una selección aleatoria de los individuos a quienes se les aplica la cédula filtro. Con aquellos que cumplen con los criterios de inclusión se desarrolla la entrevista. El tipo de levantamiento es cara a cara en la vía pública; en concreto, en los puntos de la frontera donde es posible el cruce, ya sea de forma documentada o indocumentada (Cfr. El Colef, 2022). Un aspecto interesante del diseño muestral es que el levantamiento se realiza del lado guatemalteco, no en México, lo cual conllevaría más libertad en las respuestas.

En este trabajo se utilizaron los datos más recientes disponibles, correspondientes al trimestre de julio a septiembre y al bimestre de octubre a noviembre de 2022. En estos dos momentos se captaron un total de 8 991 eventos de migrantes[2], de los cuales, 2 266 correspondieron a mujeres y 6 725 a hombres. Esta población fue captada en las ciudades guatemaltecas de La Mesilla (4 388), Tecún Umán (3 945), El Carmen (430) y Santa Elena (228).

De las mujeres analizadas en este capítulo, es decir, de quienes cruzarían por primera vez la frontera sur para trabajar o buscar trabajo en México o en Estados Unidos entre julio y noviembre de 2022, la mitad de ellas había nacido en los países del llamado Triángulo Norte de Centroamérica, en su mayoría en Guatemala. Del resto de mujeres muestreadas predominaron las originarias de Venezuela (véase Tabla 1). Para los objetivos de este capítulo se seleccionaron a las mujeres originarias de Guatemala y Venezuela, quienes declararon que era la primera vez que cruzarían la frontera sur para trabajar o buscar trabajo en México o en Estados Unidos.

---

2   Se hace referencia a eventos porque una persona podría ser encuestada más de una vez a lo largo del año, aunque es necesario matizar que es poco probable que esto ocurra.

Tabla 1. Mujeres que cruzarían por primera vez la frontera sur para trabajar o buscar trabajo en México o en Estados Unidos, según país de nacimiento, julio-noviembre de 2022

		Muestra sin ponderar	Muestra ponderada
TNCA	Guatemala	323	13 158
	Honduras	57	2 219
	El Salvador	44	1 189
	Subtotal	424	16 566
Resto de países	Colombia	19	363
	Cuba	8	237
	Ecuador	35	739
	Haití	2	18
	Nicaragua	38	847
	Panamá	4	131
	República Dominicana	12	285
	Venezuela	306	6 927
	Subtotal	424	9 547
	Total	848	26 112

Fuente: Cálculos propios con base en los microdatos de la Emif Sur 2022 (Migrantes procedentes de Guatemala con destino a México o Estados Unidos) (El Colef, 2022).

Finalmente, con relación a la retención y aportación de datos, cabe agregar que toda la información utilizada en esta investigación es pública y se encuentra disponible en www.colef.mx/emif. Lo anterior, aunado a que los procedimientos de análisis son estándares, posibilita la validación externa de los resultados de esta investigación mediante su repetición o verificación.

RESULTADOS Y DISCUSIÓN

En las siguientes páginas se presenta un panorama sociodemográfico de las mujeres guatemaltecas y venezolanas que realizaron su primer movimiento migratorio en la frontera sur de México, quienes tenían la finalidad de trabajar o buscar trabajo en México o en Estados Unidos. En esta sección se analizan distintas dimensiones de interés que pueden ser determinantes en la incorporación al mercado laboral. En primer lugar, como factores contextuales, se observan los destinos y los motivos de la migración de las mujeres; enseguida, se presentan algunos factores sociodemográficos que en la literatura académica se vinculan con la precariedad laboral, como la edad, la condición de habla indígena, el nivel educativo y la experiencia laboral.

Al respecto, de manera complementaria se muestran algunas variables asociadas a la salud de las mujeres migrantes que, si bien en la literatura académica es considerada más un resultado de la precariedad laboral, en este trabajo se contempla como un factor que afecta el ingreso al mercado laboral, en tanto que una salud mermada implica un acceso limitado al mercado laboral. Finalmente, esta sección analiza aspectos relacionados con la familia y las redes migratorias, así como la situación migratoria.

Asimismo, a lo largo de estas páginas se contrastan los resultados con la literatura académica sobre la materia, lo cual permite interpretarlos de mejor manera, contextualizarlos y resaltar su relevancia en los estudios migratorios.

Destino y motivos de la migración

De acuerdo con la Emif Sur, en el caso de las mujeres nacidas en Guatemala y que cruzarían por primera vez a México en 2022, el 27.2 % tenía la intención de llegar a Estados Unidos; es decir, la mayoría declaró que permanecería en México. Es posible suponer que las mujeres que migran a México forman parte de la inercia de una dinámica migratoria propia de la frontera sur, la cual está relacionada con flujos intrarregionales tradicionales. Por el contrario, prácticamente todas las mujeres que nacieron en Venezuela tenían como destino Estados Unidos (99.4 %).

Como desarrollan Blaauw, Schenck, Pretorius y Schoeman (2017), cuando la migración internacional se desencadena por dificultades económicas, conlleva importantes consecuencias psicológicas y socioeconómicas, ya que los migrantes se enfrentan a una intensa competencia por trabajos escasos en los países de destino y, al menos en el inicio, suelen vivir en la incertidumbre económica. Además, consideran que esto puede incrementar las posibilidades de que sean victimizados eventualmente por los empleadores. Como muestra la Tabla 2, las principales razones por las que las mujeres analizadas en este capítulo salieron de su país son: falta de empleo o crisis económica, ingresos muy bajos y malas condiciones de trabajo. Como se puede apreciar, la suma de estos motivos ronda el 90 % en ambos países.

Tabla 2. Mujeres que cruzarían por primera vez la frontera sur para trabajar o buscar trabajo en México o en Estados Unidos, según país de nacimiento y principales motivos por las que salió de su país en esta ocasión (porcentajes), julio-noviembre de 2022

		Motivo 1 (%)	Motivo 2 (%)
Guatemala	Falta de empleo o crisis económica en su lugar de origen	34	2.7
	Ingresos muy bajos y/o malas condiciones de trabajo	59	4.8
	Motivos familiares	1.8	0
	Violencia o inseguridad en su lugar de origen	0.7	2
	Desastres naturales	0	0
	Por compras o de paseo	3.4	0.2
	Otra razón	0.7	0
	No especificado / Solo dio una opción	0.4	90.3
	Total	100	100
Venezuela	Falta de empleo o crisis económica en su lugar de origen	28.6	24.9
	Ingresos muy bajos y/o malas condiciones de trabajo	57.9	13.7
	Motivos familiares	0.7	0.5
	Violencia o inseguridad en su lugar de origen	12.8	20.1
	Desastres naturales	0	0
	Por compras o de paseo	0	0.3
	Otra razón	0	0.4
	No especificado / Solo dio una opción	0	40.1
	Total	100	100

Fuente: Cálculos propios con base en los microdatos de la Emif Sur 2022 (Migrantes procedentes de Guatemala con destino a México o Estados Unidos) (El Colef, 2022).

Estructura por edad

En los estudios sobre migración internacional se ha señalado la existencia de cierto grado de selectividad entre quienes optan por llevar a cabo un desplazamiento hacia otro país. Es así que se sostiene que hay ciertos perfiles que son más propicios a emprender proyectos migratorios. Un patrón aparentemente indiscutible es el que relaciona la migración con una regularidad en los calendarios de edad de la movilidad internacional

Figura 1. Estructura por edad de las mujeres que cruzarían por primera vez la frontera sur para trabajar o buscar trabajo en México o en Estados Unidos, según país de nacimiento, julio-noviembre de 2022 (%)

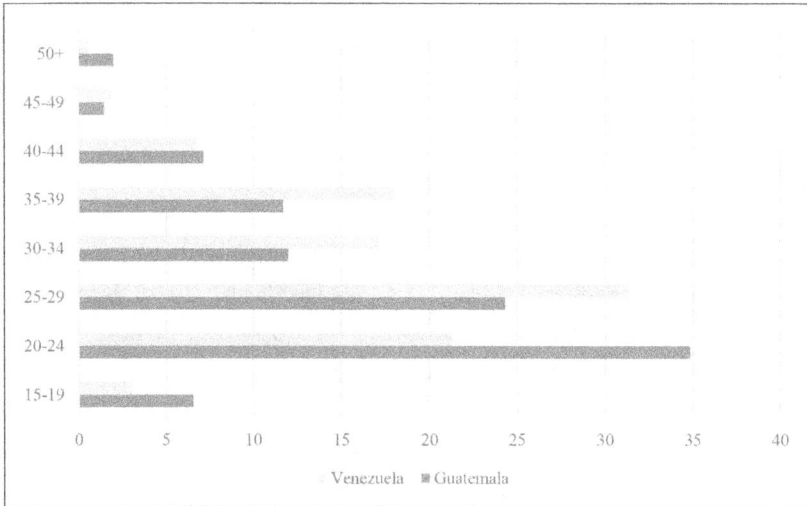

Fuente: Cálculos propios con base en los microdatos de la Emif Sur 2022 (Migrantes procedentes de Guatemala con destino a México o Estados Unidos) (El Colef, 2022).

(Prieto, 2019), donde la población migrante, al menos en un primer momento, tiene una composición etaria básicamente joven, con un patrón que alcanza su máximo en las edades activas y disminuye progresivamente hacia las edades avanzadas (Rogers y Castro, 1984). No obstante, recientemente se ha cuestionado si el avance de la transición demográfica y, en concreto, del envejecimiento poblacional, podría alterar tal estabilidad, generando la migración de personas con un promedio de edad más alto (Prieto, 2019). También se ha estudiado que, en un contexto de crisis, el perfil usual de los migrantes suele modificarse debido a que muchos se ven forzados a migrar (Gandini et al., 2020), por lo que el hecho migratorio tiende a extenderse a otros grupos de edad.

En 2022, el perfil etario de las mujeres que iban a cruzar por primera vez la frontera sur de México correspondía a un flujo migratorio joven, donde el promedio de edad para las mujeres nacidas en Guatemala era de 28.39 años y para aquellas que nacieron en Venezuela alcanzó los 29.9 años. Sin embargo, como muestra la Figura 1, hay diferencias notorias en su estructura por edad: por una parte, el flujo de guatemaltecas es más joven, concentrándose entre los 20 y los 29 años, lo cual corresponde a una edad mayor que los eventos migratorios ocurridos en el pasado, ya que en los años noventa el predominio de las edades de los migrantes en la frontera sur estaba ubicado en el grupo de 15 a 24 años (Castillo, 1990). Por otra parte, el flujo de las mujeres de Venezuela corresponde a un perfil con mayor presencia en los grupos de edad de 25 a 29 años, aunque también hay una participación importante entre las mujeres entre 30 y 39 años, quienes se enfrentan a su primera migración hacia el norte.

Lo anterior puede deberse a diferentes estadios de las transiciones demográficas entre los países del norte de Centroamérica y los países del sur, y el consecuente diferencial en sus estructuras por edades. Por ejemplo, de acuerdo con estimaciones de las Naciones Unidas (2022) la tasa de dependencia demográfica de los menores[3] —la proporción de niñas y niños de 0 a 14 años que dependen económicamente de la población en edad de trabajar (15 a 64 años)— es de 53 % para Guatemala y de 44.4 % para Venezuela, lo que indica que, en general, el país centroamericano tiene una estructura de población más joven. Eso puede explicar en alguna medida las diferencias en el perfil por edad; sin embargo, es muy probable que la situación socioeconómica de Venezuela sea la que tiene un peso muy importante en su composición por edad.

Condición de habla indígena

Las migraciones en la frontera sur de México suelen estar integradas con proporciones importantes de población indígena. De hecho, en la investigación que se presenta en este capítulo se encontró que el 44.7 % de las mujeres encuestadas que habían nacido en Guatemala hablaban alguna lengua indígena. Lo anterior está en correspondencia con lo planteado por Vega (2017), quien encontró que prácticamente la mitad de los flujos migratorios en la frontera sur estaban compuestos por personas que hablaban alguna lengua indígena, lo cual ha estado vinculado a la demanda de jornaleros agrícolas en el sector cafetalero o en el trabajo doméstico de Chiapas, aunque también, de manera tangencial, en las zonas turísticas de Quintana Roo. En el mismo estudio se encontró que esta población migrante indígena se encuentra en desventaja en prácticamente todas las variables socioeconómicas, lo cual la torna en un grupo particularmente vulnerable.

En este sentido, González (2009) afirma que los procesos de globalización han impuesto a algunas comunidades indígenas formas de inserción

---

3 Determinado como [0-14 / 15-64] (%)

laboral que implican forzosamente la movilidad y están ligadas con la fle-
xibilidad que suelen tener para lidiar con la incertidumbre y la adversidad
del trabajo agrícola temporal. Por otra parte, en un estudio del Programa
de Naciones Unidas para los Asentamientos Humanos (UN-HABITAT,
por sus siglas en inglés) y de la Oficina del Alto Comisionado para los
Derechos Humanos (OHCHR, por sus siglas en inglés) (2010) se encontró que otro nicho laboral de las mujeres indígenas migrantes está en
el trabajo doméstico y en el de los cuidados, lo cual puede representar un
elemento que las conduzca a una mayor vulnerabilidad, debido a que son
empleos que se llevan a cabo en un entorno privado y libre de inspeccio-
nes. Desafortunadamente, este contexto puede conducir a la discriminación, la explotación y el abuso de las mujeres indígenas.

Si bien en el caso de las mujeres que nacieron en Guatemala la característica del habla indígena es muy marcada, en las mujeres que nacieron en
Venezuela es prácticamente nula . Esto se puede explicar porque Venezuela es un país que se caracteriza por bajas proporciones de población
indígena. Según datos del Instituto Nacional de Estadística de Venezuela
(2015), este grupo apenas alcanza un 2.7 % de la población, de acuerdo
con el último censo de población realizado en 2011. Esto contrasta con
Guatemala, donde 35.4 % de la población se identifica como parte de alguno de los pueblos maya, xinka o garífuna, según el Instituto Nacional
de Estadística de Guatemala (2015).

Nivel educativo

En cuanto al nivel educativo de las mujeres que cruzarían por primera vez
la frontera sur de México, de acuerdo con la Emif Sur es posible distinguir
que las provenientes de Guatemala tienen un nivel educativo inferior al
de las venezolanas. A grandes rasgos, se puede observar que la gran mayoría de las mujeres nacidas en Guatemala (69.7 %) apenas estudiaron
algún año de la primaria; incluso, el 6.8 % no tiene ninguna escolaridad.[4]
En el caso de las mujeres provenientes de Venezuela, 50.2 % tiene bachillerato; en contraparte, en este grupo los porcentajes de mujeres sin escolaridad o que no saben leer ni escribir son prácticamente inexistentes
(véase Tabla 3).

---

4   De hecho, los niveles de analfabetismo son ligeramente más altos: 8.5 % de las
    mujeres guatemaltecas no saben leer ni escribir. Este valor se explica porque hay
    algunas mujeres que recibieron educación primaria en un lapso demasiado breve,
    por lo que no aprendieron estas habilidades básicas.

Lo anterior es consistente con los hallazgos de Jiménez y Casillas (2019), quienes encontraron que en México la distribución por niveles de escolaridad indica comportamientos distantes entre los migrantes del norte centroamericano y el resto de los latinoamericanos. Esto indica una clara selectividad de migrantes calificados latinoamericanos, con excepción de los centroamericanos. En el mismo tenor, Pellegrino (2002) encontró que entre quienes migran a Estados Unidos, las personas de los países del sur de América tienen los niveles educativos más altos; al mismo tiempo, las corrientes migratorias provenientes del Caribe anglófono y de Panamá se han destacado por un alto nivel educativo promedio.

Si bien es cierto que hay un diferencial educativo que favorece a las mujeres sudamericanas, Gandini et al. (2020) encontraron que desde el año 2018 la población migrante venezolana se ha hecho más heterogénea y ha presentado niveles educativos más limitados. Lo anterior es corroborado por Freier y Parent (2018), quienes afirman que:

> Históricamente, los emigrantes venezolanos tendían a ser altamente educados y calificados. Entre 1990 y 2000, los venezolanos en los Estados Unidos se encontraban entre los grupos de inmigrantes con la mayor proporción de personas que ocupaban puestos gerenciales, por ejemplo. Si bien la mitad de los venezolanos que se fueron de casa en 2017 todavía informaron tener un título universitario, el perfil del migrante se está diversificando rápidamente (párr. 9).[5]

De acuerdo con la Emif Sur, el nivel de escolaridad de las mujeres que nacieron en Venezuela se concentra en quienes tienen estudios de secundaria, bachillerato o estudios similares, pero es muy baja la proporción que cuenta con estudios universitarios (2.3 %), tal como lo muestra la Tabla 2. Si bien este indicador está por encima de las mujeres de Guatemala, es más bajo que el de los migrantes de la misma región en otras épocas. En todo caso, en general, el panorama educativo es poco halagüeño para las mujeres que cruzarían por primera vez la frontera sur en 2022.

---

5   Las afirmaciones están basadas para un estudio desarrollado en Brasil, Colombia, Costa Rica y Perú.

Tabla 3. Mujeres que cruzarían por primera vez la frontera sur para trabajar o buscar trabajo en México o en Estados Unidos, según país de nacimiento y nivel de escolaridad, julio-noviembre de 2022

		Último año de escuela aprobado								
		0	1	2	3	4	5	6	Total	%
Guatemala	Ninguno	895	0	0	0	0	0	0	895	6.8
	Primaria	0	173	779	1 126	1 364	1 897	3 835	9174	69.7
	Básicos o secundaria	0	718	463	1 201	0	0	0	2 382	18.1
	Bachillerato, magisterio, técnico, etc.	0	0	101	595	0	0	0	696	5.3
	Universidad o más	0	0	0	9	0	0	0	9	0.1
									13 156	100
Venezuela	Ninguno	30	0	0	0	0	0	0	30	0.4
	Primaria	0	0	14	53	0	183	344	594	8.6
	Básicos o secundaria	0	346	420	1 826	0	0	0	2 592	37.4
	Bachillerato, magisterio, técnico, etc.	0	158	801	2 518	0	0	0	3 477	50.2
	Universidad o más	0	19	12	50	78	0	0	159	2.3
	No especificado	0	76	0	0	0	0	0	76	1.1
									6928	100

Fuente: Cálculos propios con base en los microdatos de la Emif Sur 2022 (Migrantes procedentes de Guatemala con destino a México o Estados Unidos) (El Colef, 2022).

EXPERIENCIA LABORAL

A los niveles educativos limitados se suma que las migrantes analizadas tienen una experiencia migratoria internacional que se presume nula o limitada. Encima, hay un tercer factor que puede ser fundamental en su integración económica al país receptor: la experiencia laboral previa. Por una parte, la proporción de mujeres detectadas en 2022 por la Emif Sur que no tenía experiencia laboral alcanzó 43.7 % para aquellas que nacieron en Guatemala y 36.9 % para las provenientes de Venezuela. Es decir, son quienes se enfrentan a su primera migración y también a su primer empleo.

Entre las mujeres guatemaltecas que no habían trabajado, el 64.7 % no lo hacían porque no había trabajo o pagaban muy poco en su lugar de origen, mientras que el 30.1 % mencionó que se dedicaba a los quehaceres del hogar. Entre las mujeres venezolanas estos valores alcanzaron el 21.8 % y el 70.1 %, respectivamente. En esta lógica, se puede distinguir que es muy probable que su incorporación al mercado laboral se desarrolle en actividades que no requieren mucha cualificación. Como lo plantea Pellegrino (2002), en el caso de las mujeres migrantes con bajo nivel educativo predominan el trabajo agrícola, el servicio doméstico u otros sectores de baja calificación; sin embargo, un perfil educativo limitado y la falta de experiencia laboral no dejan de representar elementos que acrecientan la vulnerabilidad de algunas de estas mujeres.

Cabe mencionar que, desafortunadamente, el diseño de la Emif Sur es muy limitado para conocer aspectos como la profesión o la posición en el empleo de aquellas mujeres que sí tienen experiencia laboral. La principal razón es porque indaga solo sobre su situación en el trabajo en un lapso de 30 días antes del viaje, por lo que no es posible conocer qué ocurrió más allá de ese tiempo acotado. En relación con el presente estudio, sólo 43 mujeres para el caso de Guatemala y 30 para el de Venezuela fueron quienes durante los 30 días anteriores al inicio de este viaje sí tenían trabajo.[6]

Tomando en cuenta estas limitaciones metodológicas, la Emif Sur alcanza a detectar que los empleos de las mujeres que tenían experiencia laboral

---

6   En la muestra sin ponderar, de 323 mujeres analizadas para Guatemala, 138 nunca habían trabajado en el lugar donde viven y 142 no trabajaron durante los 30 días anteriores al inicio del viaje; por lo tanto, solo podían responder un total de 43 mujeres.

previa estaban relacionados principalmente con el comercio y los servicios, y en el caso de las guatemaltecas, también se sumó el servicio doméstico, empleos que en términos generales requieren una baja cualificación. Asimismo, muy pocas mujeres declararon trabajos relacionados con perfiles educativos más altos, como profesoras o enfermeras.

SALUD

La precariedad laboral ha sido considerada en la literatura académica como un factor que desgasta la salud física y mental de los trabajadores, sobre todo de aquellos que son menos jóvenes (Vargas y Huerta, 2019). En el caso de los migrantes, estos pueden ahorrar en alimentos y atención médica, además de trabajar en malas condiciones que merman su salud (Grebeniyk et al., 2021). Sin embargo, en el presente estudio se considera que la salud es un factor sociodemográfico que incide en la precariedad laboral, ya que puede reducir las posibilidades para emplearse, en la medida en que un estado de salud mermado puede implicar un acceso limitado al mercado laboral o restringir el acceso a trabajos que no sean demandantes físicamente.

En los procesos migratorios hay cierta selectividad derivada del estado de salud de las personas. Por una parte, la migración suelen realizarla aquellos en edades jóvenes y, por lo tanto, se espera que estén en buen estado de salud. Por otra parte, se podría esperar que incluso entre los mismos jóvenes migren aquellos que tienen un mejor estado de salud. El desplazamiento migratorio, sobre todo el que se realiza por motivos forzados y en condiciones de irregularidad, implica en su mayoría un esfuerzo y una resistencia que requieren de un estado de salud satisfactorio.

Con todo, el estado de salud de las personas migrantes antes de iniciar el viaje puede ser deficiente, dado el contexto socioeconómico desventajoso en el que se encuentran en sus lugares de origen. De igual modo, el trayecto y el asentamiento mismos merman la salud de los migrantes. Como mencionan Salgado et al. (2007), para entender los riesgos a la salud que esta población enfrenta es necesario inspeccionar qué sucede en el origen, tránsito y destino, ya que son distintas circunstancias las que impactan en la salud. En el origen, la pobreza y la desigualdad suelen ser los determinantes más importantes en la enfermedad. Mientras que en el tránsito, cuando este se realiza de manera irregular, hay muchos factores que incrementan los riesgos de la salud y que incluso ponen en peligro la vida del migrante. Finalmente, en el destino, la carencia de recursos económicos, el menor soporte familiar, la falta de documentos legales y la discriminación, tienen consecuencias negativas en el estado de salud de las y los migrantes.

En cuanto al tránsito, el cual es concretamente la etapa en que se encuentran las mujeres analizadas en esta investigación, Manuel Ángel Castillo (2016) explica que hay cuatro amenazas durante los trayectos de desplazamiento que pueden afectar la salud física y mental de los migrantes: la geografía del tránsito, dado los riesgos que presenta el terreno, tales como temperaturas extremas, fauna nociva, entre otros; medios de transporte, el empleo de vehículos riesgosos, especialmente los utilizados en la migración indocumentada, que incrementan la probabilidad de sufrir algún percance; agresiones de la delincuencia común y organizada que pueden acarrear graves consecuencias en la salud; y funcionarios públicos que en ocasiones llevan a cabo agresiones contra los migrantes.

Al respecto, Quiroz, et al. (2020) afirman que, si bien el perfil sociodemográfico de la población migrante revela ciertas fortalezas físicas, sus condiciones de vulnerabilidad y la experiencia migratoria en el tránsito los expone a riesgos que afectan su estado de salud. En un estudio realizado sobre migrantes de tránsito que se encontraban en Tabasco, México, encontraron que 30 % de ellos tenía algún padecimiento físico, como cefaleas, gripes, infecciones respiratorias, dolores musculares y óseos, entre otros.

Entre las mujeres encuestadas en la Emif Sur en 2022 y que estaban a punto de cruzar por primera vez a México con motivos laborales en este país o en Estados Unidos, prácticamente nadie contaba con algún tipo de seguridad social en sus países de origen. Alrededor del 99 % de las guatemaltecas y el 97 % de las venezolanas no tenían acceso a algún tipo de servicio de salud institucionalizado. Con todo, el 95.7 % de las mujeres de Guatemala y el 94.1 % de las nacidas en Venezuela consideraban que su estado de salud era muy bueno o bueno, como se puede observar en la Tabla 4.

Llama la atención que las mujeres de Venezuela en la categoría "Muy bueno" se encuentran alrededor de 15 puntos porcentuales por debajo de las mujeres de Guatemala. Lo anterior puede sugerir que, efectivamente, la salud merma durante el trayecto migratorio.

Tabla 4. Mujeres que cruzarían por primera vez la frontera sur para trabajar o buscar trabajo en México o en Estados Unidos, según su país de nacimiento y autopercepción de su estado de salud, julio-noviembre de 2022

		Total	%
Guatemala	Muy bueno	6 487	49.3
	Bueno	6 101	46.4
	Regular	569	4.3
	Malo	0	0
	Total	13 157	100
Venezuela	Muy bueno	2 375	34.3
	Bueno	4 140	59.8
	Regular	382	5.5
	Malo	30	0.4
	Total	6 927	100

Fuente: Cálculos propios con base en los microdatos de la Emif Sur 2022 (Migrantes procedentes de Guatemala con destino a México o Estados Unidos) (El Colef, 2022).

En un estudio sobre vulnerabilidad social y salud en la migración México-Estados Unidos, Salgado et al, (2007) encontraron que entre las vicisitudes que enfrentan los migrantes durante los cruces irregulares, y que afectan su salud física y mental, están "el intenso calor o frío, falta de alimento y agua, ahogamiento, ataque por animales, abuso de las autoridades, abuso sexual, maltrato, privación ilegal de la libertad, robo, abuso de grupos delictivos organizados y accidentes de tráfico" (p. 9). En el mismo sentido, Aikin y González (2017), en un estudio sobre un grupo de migrantes en tránsito por México, encontraron que la mayoría (69 %) presentó problemas de salud durante el viaje, derivados de abusos y de las condiciones áridas de la ruta. Es necesario precisar que también hay impactos en la salud mental; al respecto, Reyes y Santos (2019) reportaron que en el caso de los migrantes provenientes de Venezuela a México, se reportaron síntomas de depresión, ansiedad y estrés.

FAMILIA Y REDES MIGRATORIAS

Entre las limitaciones que tiene la teoría neoclásica, un acierto en su explicación micro es la propuesta de la nueva economía de las migraciones laborales, la cual parte de que la decisión de migrar se basa en una elección racional, pero no del migrante en lo individual, sino que es fruto de la búsqueda de la maximización de las utilidades de la familia y el hogar. Así, la migración es una estrategia familiar que busca diversificar las fuentes de ingresos que le permitan al hogar reducir riesgos ante posibles problemas económicos (Arango, 2003). En suma, para esta teoría lo relevante son las estrategias que se adoptan colectivamente en el hogar, es decir, aquellas decisiones que se toman en función de los niveles de bienestar de la unidad familiar (Canales, 2017).

En la Tabla 5 se presentan algunas variables captadas en la Emif Sur que ofrecen elementos para entender el contexto familiar en el que se encontraban las mujeres de las que da cuenta esta investigación. Es posible observar que la mayoría de las mujeres provienen de hogares de un tamaño promedio, que ronda entre los cuatro y los cinco miembros; es decir, es muy probable que la migración responda a arreglos residenciales nucleares. Asimismo, provienen de hogares básicamente con población joven: el 67 % de las mujeres de Guatemala vive en un hogar con presencia de niños menores de 15 años, y este valor aumenta a 77.2 % en el caso de las mujeres venezolanas. También entre las mujeres guatemaltecas es notoria la presencia de adultos mayores dentro del hogar, lo cual es un reflejo de que muchas mujeres son solteras y de que una proporción importante de su relación de parentesco con el jefe o jefa del hogar es el de hija (51.2 % de los casos).

En lo referente a la situación conyugal se observan perfiles diferenciados entre los dos grupos analizados: solo alrededor de una tercera parte de las mujeres de Guatemala están unidas en pareja, valor que asciende a 70.6 % en las mujeres venezolanas. También son notorias las diferencias en lo que respecta a la jefatura del hogar y al papel que juegan como el principal sostén económico de la unidad familiar, donde las mujeres de Guatemala tienen un papel más preponderante, como lo muestra la Tabla 5. Lo anterior es importante, pues tal como menciona Ochoa (2007), los riesgos de vulnerabilidad en los hogares con jefatura femenina aumentan, ya que pueden darse en un contexto de desigualdad laboral y de precariedad en el empleo.

Tabla 5. Mujeres que cruzarían por primera vez la frontera sur para trabajar o buscar trabajo en México o en Estados Unidos, según país de nacimiento y características del hogar, julio-noviembre de 2022

	Guatemala	Venezuela
Tamaño del hogar	4.9 miembros	4.6 miembros
Vive en un hogar con presencia de menores (<15)	67 %	77.2 %
Vive en un hogar con presencia de adultos mayores (65+)	22.7 %	7.5 %
Unidas en pareja	35.8 %	70.6 %.
Jefas de hogar	25.6 %	9.6 %
Su esposo es jefe del hogar	22.5 %	65.7 %
Su padre o madre es el jefe(a) del hogar	51.2 %	23.9 %
Principal sostén económico	31.7 %	9.1 %
Viaja sola	75.7 %	4 %
Viaja con hijos menores de 18 años	7.9 %	22.5 %

Fuente: Cálculos propios con base en los microdatos de la Emif Sur 2022 (Migrantes procedentes de Guatemala con destino a México o Estados Unidos) (El Colef, 2022).

También son patentes las diferencias entre las redes de apoyo familiar o de amistad durante el trayecto. Mientras que el 75.7 % de las mujeres de Guatemala viajaban solas y el 7.9 % lo hacía con hijos o hijas menores de 18 años, casi ninguna mujer venezolana viajaba sin compañía (4 %) y 22.5 % lo hacía con niños o niñas menores de 18 años. Seguramente, lo anterior es un reflejo del destino final: como ya se mencionó al inicio de esta sección, entre las mujeres de Guatemala, 27.2 % tenía la intención de llegar a Estados Unidos, es decir, la mayoría permanecería en México, mientras que prácticamente todas las mujeres de Venezuela tenían como destino Estados Unidos. Estas diferencias pueden están relacionadas con migraciones de tipo familiar, donde el retorno o la circularidad migratorios no están entre los planes de las mujeres y sus familias que viajan desde Venezuela. En tanto que una parte importante de la migración de las mujeres de Guatemala obedece a una migración intrarregional, por definición más cercana al origen, en la que puede darse cierta circularidad y ser más factible un proyecto migratorio individual.

En relación con las redes migratorias en el destino con las que cuentan estas mujeres, la mayoría reporta que tiene familiares en el lugar al que se dirigen: 50.4 % de las nacidas en Guatemala y 62.7 % de quienes migran de Venezuela. Esto es cardinal, ya que estos conjuntos de relaciones interpersonales que vinculan a los migrantes con sus familiares o amigos en el lugar de destino, facilitan la transmisión de la información, pueden proporcionar ayuda económica, alojamiento y otro tipo de apoyos (Arango, 2003).

SITUACIÓN MIGRATORIA

Una de las aristas prioritarias de las políticas de inmigración son las normas y prácticas que regulan la entrada y permanencia de los inmigrantes. Si bien durante mucho tiempo las puertas de la inmigración estuvieron relativamente abiertas en los países desarrollados, con políticas de control en cierto modo permisivas, a partir de la década de los setenta se ha observado un endurecimiento de las políticas migratorias en el mundo, el cual prevalece hasta la actualidad (Arango, 2005). Estas limitaciones afectan a los migrantes que se dirigen del sur al norte; es decir, el control más férreo se da en los desplazamientos desde los países con un desarrollo limitado hacia otros países que son económicamente más atractivos. Estas políticas restrictivas no solo se centran en los migrantes económicos, pues los solicitantes de asilo y refugio han corrido con la misma suerte. Desde la década de los ochenta, según Koser (2001), se ha pasado de un modelo que ha disminuido la protección internacional hacia los refugiados, dificultando su concesión. Además, plantea que estas medidas no solo han evolucionado en los países industrializados, sino que también son cada vez más comunes en otros países menos desarrollados.

La frontera sur de México no es la excepción a estas tendencias. Como ya se mencionó, durante mucho tiempo la frontera fue un espacio donde las personas y las mercancías circulaban con escasa o nula regulación; es decir, se trataba de una frontera prácticamente abierta, que se nutría de lazos culturales históricos, de relaciones comerciales intensas y de la necesidad de trabajadores agrícolas en México (Castillo, 2003); sin embargo, desde 2001 la frontera sur se ha tornado cada vez más securitizada y con controles migratorios más duros, todo ello en correspondencia con la externalización de la política migratoria estadounidense, la cual busca reducir la llegada de inmigrantes a su territorio a través de acciones extra-territoriales en México y Centroamérica (Vega, 2022).

A pesar del incremento de los controles fronterizos y de la persecución actual hacia la población en situación de irregularidad, solo el 17.5 % de las encuestadas de Guatemala tenía la Tarjeta de Visitante Regional. El 81.1 % de las guatemaltecas no contaba con algún documento migratorio o permiso vigente para cruzar a México, condición que alcanzó al 97.7 % de las migrantes de Venezuela. Además, 86.7 % del total de ambos países no tenía intención alguna de tramitarlo. Esta realidad las pone en un mayor riesgo tanto en el cruce por lugares no autorizados como en el trayecto en situación de irregularidad. Se suma que de aquellas mujeres que tienen como destino Estados Unidos, 78 % de las guatemaltecas piensa contratar a alguna persona (coyote, pollero, guía, etc.) para que le guíe por el territorio mexicano, con los riesgos que esto implica; aunque disminuye para las mujeres de Venezuela (21.4 %).

La carencia de documentos migratorios, aunada a las nuevas formas de securitización, criminalización y control de la migración, genera un aumento en la vulnerabilidad de las mujeres migrantes, ya que esta desprotección legal las expone a situaciones de hostilidad y de abuso de distintos tipos (Arango, 2005; Castro 2019, Rebolledo y Rodríguez (2019).

A MODO DE CONCLUSIÓN

Emprender un proyecto migratorio no es una decisión fácil, mucho menos cuando la marcha ocurre en un contexto de falta de empleo o crisis económica, ingresos muy bajos o malas condiciones de trabajo, violencia, inseguridad o desastres naturales. En tanto que las migraciones forzadas implican un mayor reto y desgaste para las personas, un capital humano, económico y social mínimo son requisitos deseables para evitar que esas circunstancias adversas se acrecienten durante el hecho migratorio. Si bien el perfil sociodemográfico de las mujeres puede determinar en buena medida la calidad del empleo, también las circunstancias asociadas a la condición de migrante, así como el funcionamiento de los mercados de trabajo, determinarán su inserción laboral, haciéndolas más propensas a participar en el segmento secundario, aquel donde se encuentran los empleos más precarios.

Este capítulo tuvo como objetivo reflexionar en torno al perfil sociodemográfico de las mujeres que cruzarían la frontera sur para trabajar en México o en Estados Unidos. La investigación ofrece elementos de discusión sobre las condiciones iniciales en las que se encuentran las mujeres migrantes, las cuales pueden ser nodales en su incorporación al mercado laboral. La originalidad del texto radica en centrarse en las mujeres que no tenían experiencia migratoria previa en territorio mexicano, lo cual se presume puede tornarlas en un grupo aún más vulnerable respecto de aquellas mujeres que ya han cruzado algunas veces la frontera mexicana, cuyas vivencias las dotan de más habilidades y conocimientos para enfrentar el trayecto y el destino. En este sentido, las condiciones laborales precarias son más frecuentes en el inicio de los proyectos migratorios (Massey et al., 1993).

Por una parte, la investigación encontró que las mujeres que provienen de Guatemala son mayoritariamente jóvenes, muchas de ellas indígenas, con un nivel educativo muy limitado, y con proporciones importantes de mujeres que no tienen ninguna experiencia laboral. Son migrantes que en su mayoría viajan solas, que no están unidas en pareja y muchas son el principal sostén económico de la unidad familiar. Dado que la intensión de la mayoría de ellas es trabajar en México, es posible afirmar que forman parte de los flujos intrarregionales tradicionales en la frontera sur, lo cual puede facilitar de alguna manera su integración al mercado laboral, aunque esto no limita su inclusión en empleos precarios.

Adicionalmente, las mujeres que nacieron en Venezuela son también mujeres jóvenes, aunque de más edad de lo que se esperaría en una primera migración. Además, tienen un perfil educativo mayor al de las mujeres de Guatemala; sin embargo, es limitado, pues en su mayoría alcanzan solo hasta el bachillerato. De igual manera, muchas de ellas no tienen experiencia laboral previa. A diferencia de las mujeres guatemaltecas, prácticamente todas tienen la intención de llegar a Estados Unidos, lo cual puede explicar que casi en su totalidad viajan acompañadas, mientras que una cantidad importante lo hace con sus hijos.

Los bajos niveles educativos y la poca experiencia en el trabajo de muchas de estas mujeres pueden comprometer su inserción laboral futura. Si a esto le sumamos la condición de irregularidad en la que migran a México o a Estados Unidos, el escenario es poco halagüeño. Aunque estas características no son exclusivas de quienes atraviesan por primera vez hacia México, sí pueden conducirlas a una mayor precariedad. Con todo, hay elementos que contrarresten estas flaquezas en su capital humano, entre las que destacan un buen estado de salud y redes migratorias sólidas en el destino. Para el caso de las mujeres venezolanas sobresale una red de amistad y familiar durante la migración.

Por último, cabe preguntarse si en un contexto de políticas migratorias hostiles hacia la migración tanto en México como en Estados Unidos, un perfil socioeconómico en la primera migración tal como el presentado, así como los mecanismos del mercado de trabajo en los países de destino, pueden ser el inicio de un camino hacia la precariedad laboral. O por el contrario, como afirman Lacomba y Moraes (2020, p.1), es necesario discurrir sobre la capacidad de agencia de los migrantes, donde se les debe considerar como "sujetos activos con proyectos propios, que despliegan diversas estrategias, luchas y resistencias (...) a través del emprendimiento y las iniciativas que parten de otras lógicas no convencionales".

Bibliografía

Agencia de la ONU para los Refugiados [ACNUR] (14 de marzo de 2023). *Los refugiados y migrantes de Venezuela, al igual que las comunidades que los acogen, necesitan ayuda para planificar un futuro más brillante* [Comunicado de Prensa]. https://www.iom.int/es/news/los-refugiados-y-migrantes-de-venezuela-al-igual-que-las-comunidades-que-los-acogen-necesitan-ayuda-para-planificar-un-futuro-mas-brillante

Agencia de la ONU para los Refugiados [ACNUR] (abril de 2018). *Consideraciones legales sobre el acceso a la protección y la relación entre las personas refugiadas y el tercer país en el contexto del retorno o traslado a terceros países seguros.* [Comunicado de Prensa]. https://www.refworld.org.es/pdfid/5adf72014.pdf

Aguirre, Y. M., Quezada, M. F. y Jáuregui, J. A. (2021). Perfil sociodemográfico y laboral de los inmigrantes interestatales. *Notas de Población*, 113. 193-216. https://repositorio.cepal.org/server/api/core/bitstreams/8e7241fd-296c-4140-98b8-ac9e60a94483/content

Aikin, O. y González, A. (2017). La condición de vulnerabilidad de los migrantes en tránsito por la ruta del Occidente de México. Una propuesta de categorización. *Carta económica regional*, 120, 67-81.

https://dialnet.unirioja.es/servlet/articulo?codigo=7951061

Ángeles, H., y Rojas, M. L. (2000). Migración femenina internacional en la frontera sur de México. *Papeles de población*, 6(23), 127-151. http://www.scielo.org.mx/scielo.php?script=sci_arttext&pid=S14 05-74252000000100007&lng=es&tlng=es

Arango, J. (2005). Dificultades y dilemas de la política de inmigración, *Arbor: Ciencia, pensamiento y cultura*, 713, 17-25. https://arbor.revis tas.csic.es/index.php/arbor/article/download/439/440/440

Arango, J. (2003). La explicación teórica de las migraciones: luz y sombra. *Migración y desarrollo*, 1. 1-31. https://www.redalyc.org/pdf/660/ 66000102.pdf

Ariza, M. y Jiménez, L. F. (2021). Selectos pero desiguales: inmigrantes latinoamericanos en México (1990-2015). *Sí Somos Americanos*, 21(2), 170-202. https://dx.doi.org/10.4067/S0719-09482021000200170

Barrera, M. y Ortiz, D. J. (2021). Violencia contra las mujeres en el movimiento migratorio de México a Estados Unidos de América y la protección de sus derechos humanos. En Ana Victoria Parra (coord.) *Políticas públicas en defensa de la inclusión, la diversidad y el género. Migraciones y derechos humanos* (pp. 201-211). Ediciones Universidad de Salamanca. https://eusal.es/index.php/eusal/catalog/view/978-84-1311-467-5/5556/6271-1

Bastia, T. (2009). La feminización de la migración transnacional y su potencial emancipatorio. *Papeles de relaciones ecosociales y cambio global*, 104, 67-77. https://www.fuhem.es/papeles_articulo/la-feminiza cion-de-la-migracion-trasnacional-y-su-potencial-emancipatorio/

Blaauw, P. F., Schenck, C. J., Pretorius, A. M., y Schoeman, C. H. (2017). 'All quiet on the social work front': Experiences of Zimbabwean day labourers in South Africa. *International Social Work*, 60(2), 351–365 https://journals.sagepub.com/doi/epub/10.1177/002087281 5594223

Canales, A. (2017). La migración internacional en los modelos neoclásicos. Una perspectiva crítica. *Huellas de la Migración*, 2(3) 11-36. https://huellasdelamigracion.uaemex.mx/article/view/4527

Castillo, G. (2022). Migración centroamericana y procesos de contención territorial en la frontera sur de México. Revista Mexicana De Ciencias Políticas y Sociales, 67(246). https://doi.org/10.22201/fcpys.2448492xe.2022.246.80202

Castillo, M. Á. (2016). Migración y salud en un marco de derechos humanos. En R. Leyva, C. Infante y F. Quintino (Eds.), *Migrantes en tránsito por México: situación de salud, riesgos y acceso a servicios de salud* (pp. 16-22). Instituto Nacional de Salud Pública. https://www.insp.mx/resources/images/stories/2018/Docs/180724_Migrantes_transito_16may.pdf

Castillo, M. Á. (2003). The Mexico-Guatemala Border: New Controls on Transborder Migrations in View of Recent Integration Schemes?. *Frontera Norte*, 15(29), 35-64. http://www.scielo.org.mx/scielo.php?script=sci_arttext&pid=S0187-73722003000100002&lng=es&tlng=en

Castillo, M. Á. (2000). Las políticas hacia la migración centroamericana en países de origen, de destino y de tránsito. *Papeles de población*, 6(24), 133-157. https://www.scielo.org.mx/scielo.php?pid=S1405-74252000000200007&script=sci_arttext (REVISAR QUE ESTE)

Castillo, M. Á. (1990). Población y migración internacional en la frontera sur de México: evolución y cambios. *Revista Mexicana de Sociología*, 52(1), 169–184. https://doi.org/10.2307/3540651

Castillo, M. Á. y Toussaint, M. (2015). La frontera sur de México: orígenes y desarrollo de la migración centroamericana. *Cuadernos Inter.c.a.mbio sobre Centroamérica y el Caribe*, 12(2), 59-86. https://www.redalyc.org/pdf/4769/476947244004.pdf

Castles, S. y M. J. Miller (2004). *La era de la migración. Movimientos internacionales de población en el mundo moderno.* Universidad Autónoma de Zacatecas, Secretaría de Gobernación, Fundación Colosio, Porrúa.

Castro, Y. (2019). Las caravanas de migrantes. Racismo y ley en los éxodos masivos de población Iberoforum. *Revista de Ciencias Sociales de la Universidad Iberoamericana*, 14(27), pp. 8-48 https://iberoforum.ibero.mx/index.php/iberoforum/article/view/122

Contreras, L. F. y Franco, L. M. (2022). Pensar la inmigración. Sobre los cambios, la reestructuración y la diversificación de los procesos migratorios en la frontera sur de México. En S.E Martínez; M.A.C. Venegas; Amparo, D.; Tello A, y Ken C.A. (Eds.) *El orden mundial reconfigurando las teorías, las políticas públicas regionales y sus resultados migratorios* (pp. 539-550). México, UNAM-AMECIDER. http://ru.iiec.unam.mx/5769/1/2.%20187-Contreras-Franco.pdf

Covarrubias, A. (2022). Precariedad laboral en México: una comparación entre jóvenes y adultos. Papeles de población, 28(111), 49-75. https://doi.org/10.22185/24487147.2022.111.03

Domenech, E. y Días, G. (2020). Regimes de fronteira e "ilegalidade" migrante na América Latina e no Caribe. *Sociologias*, 22(55), 40-73. https://www.scielo.br/j/soc/a/t4fsJQgwWTJZLchwfJqJMtp/?lang=pt

El Colegio de la Frontera Norte [El Colef]. (22 de abril de 2022). *Encuesta sobre Migración en la frontera sur de México (Emif Sur): Metodología.* https://www.colef.mx/emif/pobjetivo.html

Fernández, E. (2010) La teoría de la segmentación del mercado de trabajo: enfoques, situación actual y perspectivas de futuro. *Investigación económica*, 69(273), 115-150. https://www.scielo.org.mx/pdf/ineco/v69n273/v69n273a4.pdf

Freier, L. F. y Parent, N. (18 de julio 2018). A South American Migration Crisis: Venezuelan Outflows Test Neighbors 'Hospitality' [Comunicado de prensa]. *Migration Policy Institute.* https://www.migrationpolicy.org/article/south-american-migration-crisis-venezuelan-outflows-test-neighbors-hospitality

Gandini, L., Prieto, V., y Lozano, F. (2020). Nuevas movilidades en América Latina: la migración venezolana en contextos de crisis y las respuestas en la región. *Cuadernos Geográficos*, 59(3), 103–121. https://doi.org/10.30827/cuadgeo.v59i3.9294

González, L. (2009). Movilidad laboral. Imposición estructural para la incorporación indígena a los mercados de trabajo en contextos globales. *Migración y desarrollo*, 13 27-45. https://www.scielo.org.mx/scielo.php?pid=S1870-75992009000200003&script=sci_abstract

Grebeniyk, A., Aleshkovski, I. y Maksimova, A. (2021). El impacto de la migración laboral en el desarrollo del capital humano. *Migraciones internacionales*, 12(13), 1-23. https://doi.org/10.33679/rmi.v1i1.2190

Instituto Nacional de Estadística de Guatemala (2015). *Compendio estadístico de Pueblos* [Informe de resultados] https://www.ine.gob.gt/sistema/uploads/2017/03/31/AwqECVuEFsNSCmHu3ObGLbh ZoraZXYgn.pdf

Instituto Nacional de Estadística de Venezuela [INE] (2015). *Censo Nacional de Población y Vivienda 2011. Empadronamiento de la población indígena [Reporte de resultados]*. http://www.ine.gob.ve/documen tos/Demografia/Censo2011/pdf/EmpadronamientoIndigena.pdf

Jiménez, L. F. y Casillas, R. (2019). Poblaciones guatemaltecas, hondureñas y salvadoreñas en México: perfiles propios y comparados con otras poblaciones latinoamericanas. *Papeles de población*, 25(102), 115-153. https://doi.org/10.22185/24487147.2019.102.34

Klimczuk A. y Klimczuk-Kochańska, M. (2016). Dual Labor Market. En Naples, N. Hoogland, R. C. Wickramasinghe, M. Wong, W.C.A. (Ed.). *The Wiley Blackwell Encyclopedia of Gender and Sexuality Studies* (pp. 1-3), Wiley, Hoboken, https://doi.org/10.1002/978111 8663219.wbegss529

Koser, K. (2001). New approaches to Assylum? *International Migration*, 39(6), 85-101. http://onlinelibrary.wiley.com/doi/10.1111/1468-2435.00180/pdf

Lacomba, J., y Moraes, N. (2020). La activación de la inmigración. Capacidades y agencia de los migrantes. *Migraciones*, 48, 1-20. https://www.fes-sociologia.com/uploads/public/Call%20for%20papers.%20Mo nogr%C3%A1fico%20Revista%20Migraciones.pdf

Lázaro, R. , y Jubany, O. (2020). Precariedad laboral, segregación racializada y movilidad temporal de mujeres. *Quaderns De l'Institut Català d'Antropologia*, (35), 23–40. https://publicacions.antropologia.cat/quaderns/article/view/186

Massey, D. S., Arango, J., Hugo, G., Kouaouci, A., Pellegrino, A., y Taylor, J. E. (1993). Theories of International Migration: A Review and Appraisal. *Population and Development Review*, 19(3), 431–466. https://doi.org/10.2307/2938462

Massey, D. y Capoferro, C. (2006). La medición de la migración indocumentada. En A. Portes y J. DeWind (coords.), *Repensando las migraciones. Nuevas perspectivas teóricas y empíricas* (pp. 269-299). Instituto Nacional de Migración, Universidad Autónoma de Zacatecas y Miguel Ángel Porrúa. http://meme.phpwebhosting.com/~migracion/rimd/coleccion_america_latina/repensando/Repensando_9lamedicion.pdf

Matías, L. (2023) De la migración al trabajo (precario) como plataforma (histórica) del capital: Elementos para la discusión. En L. Bravo, D. Julián y Á. Galliorio (Eds.). *Estudios del trabajo desde el sur. Vol. V* (pp. 97-112). Santiago, Ariadna Ediciones. https://library.oapen.org/bitstream/handle/20.500.12657/63198/Estudios%20del%20trabajo%20Vol%20V.pdf?sequence=1#page=98

Mora, M. (2012). La medición de la precariedad laboral: problemas metodológicos y alternativas de solución. *Trabajo, 5*(9), 87-122.

Morales, J. y Vargas, C. (2021). México ante el dilema del "tercer país seguro" en el contexto de los Protocolos de Protección a Migrantes (MPP). *Huellas De La Migración, 5*(9), 37-65. https://huellasdelamigracion.uaemex.mx/article/view/16015

Naciones Unidas [ONU], Departamento de Asuntos Económicos y Sociales, División de Población (2022). *Perspectivas de la población mundial 2022* [Archivo de datos]. https://population.un.org/wpp/

Nájera, J. N. (2020). Mercado de trabajo transfronterizo México-Guatemala: una construcción desde la experiencia de los trabajadores. *Estudios fronterizos, 21.* https://doi.org/10.21670/ref.2013055

Núñez, M. R. y Gaxiola, S. C. (2016) Factores sociodemográficos y laborales que inciden en los niveles de precariedad laboral, México 2016. *Revista Gaceta Laboral, 23*(3), 2017. https://eds.s.ebscohost.com/eds/pdfviewer/pdfviewer?vid=1&sid=fa57b4d0-1b5f-458f-9fcc-34f47c083baa%40redis

Ochoa, M. C. (2007). Pobreza y jefatura femenina. *La ventana. Revista de estudios de género, 3*(25), 168-198. http://www.scielo.org.mx/scielo.php?script=sci_arttext&pid=S1405-94362007000100168&lng=es&tlng=es

Organización Internacional para las Migraciones [OIM] (2021). *Grandes movimientos de migrantes altamente vulnerables en las Américas provenientes del Caribe, Latinoamérica y otras regiones*. San José y Buenos Aires, Editorial OIM. https://rosanjose.iom.int/sites/g/files/tmzbdl1446/files/documents/oim_grandes_movimientos_de_mi grantes_altamente_vulnerables_en_las_americas_spavf_0.pdf

Pellegrino, A. (noviembre, 2002). *La migración internacional en América Latina. Tendencias y perfiles de los migrantes*. Trabajo presentado en la Conferencia hemisférica sobre migración internacional: derechos humanos y trata de personas en las Américas, Santiago de Chile. https://repositorio.cepal.org/bitstream/handle/11362/34008/S2002562_es.pdf

Prieto, V. (2019). Perfiles demográficos de la migración latinoamericana entre 1950 y 2010. *Revista de Demografía Histórica*, 28(1), 185-215. https://www.adeh.org/revista/2019,%201/6%20Prieto%20RDH%20XXXVII-I-2019.pdf

Programa de Naciones Unidas para los Asentamientos Humanos [UN-HABITAT] y Oficina del Alto Comisionado para los Derechos Humano [OHCHR] (2010). *Urban Indigenous Peoples and Migration: a Review of Policies, Programmes and Practices* [Reporte No. 8]. https://unhabitat.org/urban-indigenous-peoples-and-migration-a-review-of-policies-programmes-and-practices

Quintero, W. J. (2020). La formación en la teoría del capital humano: una crítica sobre el problema de agregación. *Análisis económico*, 35(88), 239-265. https://www.scielo.org.mx/scielo.php?pid=S2448-665520 20000100239&script=sci_arttext

Quiroz, S., Miranda, A. y Guzmán, M. (2020). Acceso a servicios de salud para la población migrante en tránsito en la frontera Tabasco, México-Guatemala. *Ciencia y Humanismo en la Salud*, 7(1), 17-24. https://revista.medicina.uady.mx/revista/index.php/cienciayhumanismo/article/view/143

Rebolledo, T., y Rodríguez, R. (2019). Mujeres migrantes, vulnerabilidad y Derechos Humanos. Collectivus, *Revista de Ciencias Sociales*, 6(2), 59-69. https://doi.org/10.15648/Coll.2.2019.4

Reyes A. y Santos, A. (2019). Salud mental de los migrantes venezolanos en México. En C. Blouin (ed.), *Después de la llegada. Realidades de la migración venezolana* (pp. 211-226). Pontificia Universidad Católica del Perú / Editorial Jurídica THĒMIS.

Rogers, A. y Castro, L. (1982). Patrones modelo de migración. *Demografía y Economía*, 51, 267-327. https://estudiosdemograficosyurbanos.colmex.mx/index.php/edu/article/view/529

Salgado, V., González, T., Bojórquez, I.; Infante, C. (2007). *Vulnerabilidad social, salud y migración México-Estados Unidos. Salud Pública de México* [Simposio 1], 49, 8-10 https://www.redalyc.org/pdf/106/10649004.pdf

Vega, D. (2022). El andamiaje de la externalización de las políticas migratorias de Estados Unidos en México y Centroamérica. *Acta Universitaria*, 32. https://doi.org/10.15174/au.2022.3320

Vega, D. (2017). Flujos migratorios intrarregionales en Latinoamérica: el caso de los indígenas guatemaltecos en le frontera sur. *Cimexus, Revista de investigaciones*, 12(2). 143-163. https://cimexus.umich.mx/index.php/cim1/article/download/253/207

Vargas, E. y Huerta, C. G. (2019). Reflexión sobre la precariedad laboral y sus consecuencias desde un enfoque de género. *Revista Interamericana de Psicología Ocupacional*, 38(2), 104-114. http://revista.cincel.com.co/index.php/RPO/article/view/243

Vázquez, J. C. (2020). Aproximación a la realidad laboral indígena en México. Entre el paternalismo y los estereotipos. *Oikos Polis*, 5(2), 21-34. http://www.scielo.org.bo/scielo.php?script=sci_arttext&pid=S2415-22502020000200004&lng=es&tlng=es

Capítulo 6

Realidades femeninas en el mercado laboral pandémico: cuidado, conciliación y migración. Los casos de Colima y Puebla

Raquel Isamara León de la Rosa y Claudia M. Prado-Meza

Resumen

El presente capítulo analiza las formas en las que la pandemia de COVID-19 impactó a las mujeres en los estados mexicanos de Colima y Puebla. Con este fin, se presentan resultados del análisis de instrumentos estadísticos, tales como encuestas realizadas por el Instituto Nacional de Estadística y Geografía (INEGI), así como informes de otras organizaciones especializadas en mujeres. El estudio destaca que, durante este periodo, las mujeres enfrentaron mayores desafíos en el ámbito laboral y familiar. El texto se enfoca en conceptos clave como el cuidado y la conciliación trabajo-familia, enfatizando cómo estas dinámicas pueden, en algunos casos, relacionarse con la migración de mujeres. Para esto se rescata a diversas autoras desde el feminismo interseccional y sus trabajos previos respecto a cuidados y migración.

El capítulo critica la falta de la inclusión de las mujeres en las políticas públicas implementadas durante la pandemia, argumentando que esta omisión exacerbó las desigualdades preexistentes. Bajo esta lógica, se rescata el diamante de cuidado de Razavi para identificar la posibilidad o no de bienestar social para las mujeres. Por lo tanto, se identifica que las mujeres, especialmente en contextos rurales y de migración, fueron desplazadas del mercado laboral formal, empujadas a sectores informales y obligadas a asumir mayores responsabilidades de cuidado. Además, el estudio subraya que la pandemia fortaleció los estereotipos de género y agravó la crisis de cuidados, tanto a nivel doméstico como en un contexto transnacional.

A manera de conclusión se señala que es fundamental desarrollar instrumentos estadísticos que permitan visibilizar a las mujeres y las desigualdades que las enmarcan; asimismo, crear políticas públicas más equitativas. Por otro lado, se menciona que la normalización del cuidado como una responsabilidad femenina contribuye a perpetuar las desigualdades económicas y sociales, mientras que la pandemia ha demostrado la necesidad urgente de una reestructuración que promueva la equidad de género tanto en el hogar como en el ámbito laboral.

Palabras clave: mercado laboral, pandemia, mujeres, cuidado, Colima, Puebla

Introducción

La pandemia por COVID-19 fue un fenómeno con impacto global en todas las áreas, tanto económicas como sociales. Es así que, en México, el INEGI construyó nuevos instrumentos y medios de aplicación para reconocer los alcances de esta crisis de salud. Según la sección del INEGI enfocada en la medición del impacto del COVID-19, se realizaron un poco más de 80 estudios al respecto entre 2020 y 2022, cuyos resultados muestran una mayor afección a la población femenina (INEGI, 2020a; 2020b; 2020c; 2020d).

Bajo este panorama, este capítulo analiza la información oficial existente con el objetivo de identificar los efectos que la pandemia tuvo en la vida personal y profesional de las mujeres insertadas en el mercado laboral (empresas), específicamente en los estados de Colima y Puebla. El alcance de este trabajo es descriptivo y busca visibilizar este fenómeno social a través de datos estadísticos frente al concepto de cuidado, así como la relación de estos con la migración y las cadenas globales de cuidado.

La pertinencia de este trabajo se basa en que los estudios sobre el impacto del COVID-19 en las familias han mostrado que las mujeres fueron quienes en mayor proporción perdieron su empleo, o bien, tuvieron que dejarlo (García, 2020; Gordon, 2021). Asimismo, son quienes vieron incrementadas las horas dedicadas al trabajo del cuidado del hogar y de otras personas, sobre todo de familiares que padecían alguna enfermedad o estuvieron convalecientes por el COVID-19 (Velázquez Gallardo et al., 2022). En consecuencia, su salud mental también se vio afectada en mayor proporción que la de los hombres, muchas de las veces por no tener un espacio, ni dispositivos propios para realizar sus trabajos escolares o de oficina durante el periodo en que laboraron a distancia (Vallejo et al., 2022).

Con base en lo anterior, esta investigación cuenta con un primer apartado dedicado a rescatar, desde el feminismo, el concepto de cuidado, que se complementa con términos como conciliación trabajo-familia y cadenas globales de cuidado, porque aquellas mujeres migrantes que son madres o están a cargo de familiares, no dejaron de serlo, pero sus responsabilidades se vieron afectadas por la pandemia, aumentando el número de retos para ejercer su maternidad lejos de sus hijos y demás familiares. No obstante, el COVID-19 pocas veces forzó a los hombres de la familia a involucrarse de manera activa en el cuidado y la crianza de los más pequeños, así como de parientes enfermos o en situación vulnerable (Román Reyes y Sosa Márquez, 2022).

A partir de la información presentada se enlistan una serie de conclusiones relacionadas con la necesidad de contar con información estadística que visibilice a las mujeres y los efectos que la pandemia tuvo en ellas, específicamente en los estados de Colima y Puebla.

Aproximaciones conceptuales desde el feminismo

Esta investigación está fundamentada en la perspectiva feminista interseccional, pues a raíz de los datos analizados busca visibilizar cómo dentro de los marcos de análisis existen exclusiones. Por lo tanto, reconoce la existencia de una diversidad de realidades sociales, su relación y su reproducción. En este sentido, ayuda a identificar privilegios y desventajas en la vida social (Martínez-Espíndola y Delmonte Allasia, 2022); en el caso específico de las mujeres migrantes, permite visibilizar y entender las formas en las que las mujeres migrantes experimentan de manera diferenciada la intersección de diversas opresiones (Ezquerra 2008, p. 243-244). Es así que la perspectiva interseccional contribuye al análisis del género racializado bajo la influencia de "la clase, la edad y la condición migratoria" (Martínez-Espíndola y Delmonte Allasia, 2022, p. 4), condiciones que influyen de manera diferenciada dependiendo de las realidades de las mujeres migrantes.

En primer lugar, el concepto de cuidado se vincula al trabajo con el género de manera subjetiva (Hirata et al., 2012) dentro del "sistema-mundo euro-norteamericano, capitalista, patriarcal, moderno/colonial y heterosexual" (Curiel, 2014, p. 49), potencializando las relaciones de poder. El cuidado se define como "aquellas actividades que se realizan para el mantenimiento de la vida y la salud, históricamente invisibilizados, relegados al ámbito doméstico y atribuidos a las mujeres" (Esteban et al., 2010, p. 1). Alrededor de esto se construye la teoría del cuidado o *caring*. Dentro de esta teorización, se identifican cuatro tipos de cuidado (Fisher et al., 1990; Franzoni, 2022):

- Cuidado egoísta: visto como una carga que se antepone a las necesidades de las mujeres, las oprime y las limita a lo doméstico.

- Cuidado andrógino: el cuidado es desvalorizado por ser considerado una actividad de mujeres. Busca integrar a los hombres a estas actividades.

- Cuidado visible: promueve el cuidado a través de vínculos afectivos; se concibe como una actividad ética y no remunerada.

- Cuidado remunerado: vinculado con el cuidado que es pagado, precario y que forma parte de la economía. El ejemplo claro es el de las trabajadoras domésticas.

Las diversas interpretaciones del concepto de cuidado dependen de la corriente feminista a la que se evoque. Desde América Latina, se ha debatido sobre cómo los cuidados no sólo recaen en las tareas que se realizan dentro de los hogares, sino que incluyen necesidades básicas que contemplan el autocuidado, el cuidado hacia otras personas, lo doméstico y la gestión del cuidado. Enfatizando en la idea de sostén de la vida, otro de los puntos clave se refiere al trabajo de la reproducción de la vida. Bajo esta premisa se inserta la noción de sostenibilidad de la vida, en donde se busca generar "condiciones materiales y simbólicas de todas las vidas que las personas queramos vivir (...) es deconstruir las formas que adopta el trabajo en la actualidad para reorganizarlo en base a su utilidad social, en lugar de seguir las utilidades del mercado" (Martínez-Espíndola y Delmonte Allasia, 2022, p. 5).

Sin embargo, en la cotidianidad de muchas mujeres, cuando se habla de cuidado, lo que se espera de ellas es que antepongan sus necesidades personales para cuidar del otro; por lo tanto, es un concepto enraizado en tradiciones, que da lugar a un tipo de cuidado egoísta (Esteban et al., 2010). Por lo tanto, como lo señalan Molinier y Legarreta (2016. p. 6), "el cuidado no puede pensarse por fuera de relaciones de dominación, de las relaciones asimétricas entre hombres y mujeres, así como entre clases y diversidad étnica".

Desde la interseccionalidad se señala que los cuidados incluyen "nuestros cuerpos, a nosotros mismos y nuestro medioambiente, como sostén de la vida (...) Allí se ponen en juego dimensiones materiales, emocionales y de gestión de políticas alimentarias, sociales y socio-laborales" (Guelman et al., 2021, p. 2).

Con base en lo anterior se rescata la propuesta de Razavi (2007), sobre el diamante de cuidado. En la Figura 1 se muestran los cuatro actores involucrados en el cuidado: familias, mercado, Estado y sociedad civil. Para Razavi, las formas en la que se vinculan cada uno de estos es determinante para generar una corresponsabilidad respecto al cuidado. En este sentido, se muestra el escenario ideal para lograr un bienestar social, en donde cada uno de los actores equilibra con acciones muy puntuales.

Figura 1. Diamante de cuidado y bienestar

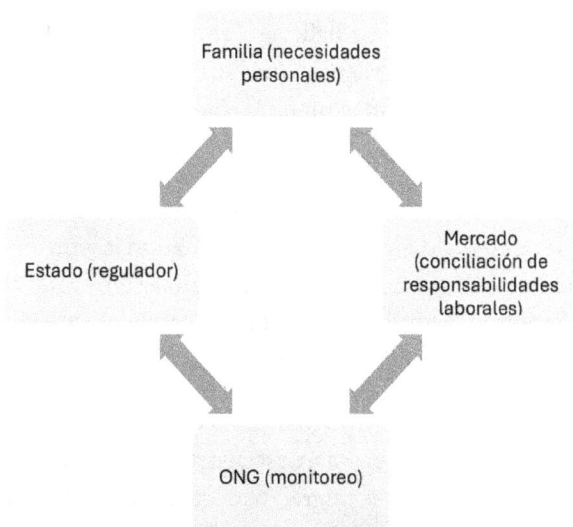

Fuente: Elaboración propia con base en Razavi (2007).

Este escenario de bienestar visibiliza cómo las relaciones de poder están intrínsecas dentro del cuidado para generar este desequilibrio del bienestar social. En este sentido, se enfatiza que "el feminismo ha mostrado que la desigual carga enfrentada por las mujeres respecto al trabajo de cuidado es una de las principales causas de inequidad económica" (Quiroga Díaz, 2014, p. 99). De acuerdo con la Organización de las Naciones Unidas, las mujeres realizan 2.5 veces más trabajo doméstico y no remunerado que los hombres (ONU Mujeres, 2016).

Además, en algunos países, el Estado (regulador) y el mercado (conciliador de responsabilidades laborales) no han asumido sus obligaciones en lo concerniente a la reproducción de la vida, lo cual ha tenido como resultado una "crisis de cuidados y cadenas globales de cuidados". Esto ha resultado en la externalización de las tareas de cuidado a otras mujeres, generalmente a personas migradas del Sur Global, que a la vez dejan de asumir las tareas de cuidado a otras mujeres, creando lo que se ha llamado cadenas globales de cuidados (Lafede, 2018, p. 5). Por lo cual, el cuidado es un trabajo no pagado, realizado por mujeres y que ayuda a subsidiar espacios de bienestar que el Estado y la empresa no han logrado subsanar (Quiroga Díaz, 2014).

Las cadenas globales de cuidados hacen necesario hablar de migración, que puede ser entre las áreas rurales y las urbanas, o entre países, donde mujeres cuya comunidad de origen está ubicada en las periferias, deben migrar para solventar la precariedad. Sobre la migración al interior de México se han planteado algunos hallazgos respecto a este fenómeno; por ejemplo, Oehmichen (1999) señala que los roles de reproducción y familiares asignados a la mujer determinan la diferencia entre las migraciones de mujeres y hombres.

Pascual Sánchez (2021) menciona que la pandemia por COVID-19 también resaltó las desigualdades a las que se enfrentan las mujeres migrantes en comparación con los hombres, pues aunado a su necesidad de migrar, también enfrentaron la reprobación social, al considerárseles mujeres que abandonan sus hogares y deberes de crianza.

Distintas autoras que han abordado el tema destacan que a las mujeres se les descalifica porque su ausencia desestructura a las familias (Herrera, 2003). Además, muchas veces migran para cuidar de familias que pueden pagar por este servicio, lo cual es una táctica con la que los hogares de mayores recursos han resuelto la crisis de los cuidados. Es así que se observa la misma división en los hogares que la que se identifica entre países, donde naciones menos desarrolladas suministran mano de obra para las ricas (Valenzuela et al., 2020).

Sobre la idea anterior, autoras como Contreras-Soto (2007) han construido una categorización sobre motivaciones de la migración femenina a partir de diferenciar entre mujeres solteras y mujeres casadas o con hijas e hijos. En la Tabla 1 se presentan dichos motivantes.

Tabla 1. Motivaciones de la migración femenina según el estado civil y responsabilidades familiares

Solteras	Casadas o con hijas e hijos
Responsabilidad delegada o asumida Cooperación o apoyo	Huir de familia Dispersión familiar Violencia Reunión Acompañar a marido Apoyo Búsqueda de marido o parientes

Fuente: Elaboración propia con base en Contreras-Soto (2007).

En la Tabla 1 es posible apreciar el peso de los roles de reproducción y familiares en las mujeres, por lo que en ambos casos el cuidado es un tema que está intrínseco. En el caso de huir, dispersión y violencia no se puede asumir una relación con el concepto de cuidados, ya que esto puede ser multifactorial; sin embargo, en el resto los estereotipos y los roles de género está presente.

Resultados

La elección de analizar los datos de Colima y Puebla responde a varios aspectos. Primero, es importante mencionar la aportación que este estudio busca dar a partir de los lugares de adscripción de las investigadoras-autoras. Ambas entidades poseen un índice de desarrollo humano (IDH) por encima del 0.7 y menor al 0.8. Finalmente, por su contraste territorial, poblacional, urbano, ubicación y actividades económicas, lo cual puede ser observado en la Tabla 2.

Tabla 2. Comparación de indicadores generales entre los estados de Colima y Puebla

Indicador		Colima	Puebla
IDH (2019)		0.788	0.741
Extensión territorial		5 626.9 km²	34 309.6 km²
Población (2020)		731 391 habitantes 370 769 mujeres 360 622 hombres	6 583 278 habitantes 3 423 163 mujeres 3 160 115 hombres
Urbanización		90 %	73 %
Ubicación		Pacífico central	Centro-sureste
Actividades económicas: PIB estatal	Primarias	5.4 %	4.1 %
	Secundarias	24.5 %	35.2 %
	Terciarias	70.1 %	60.8 %

Fuente: Elaboración propia con base en los datos de basada en Global Data Lab (2022) e INEGI (2022ª).

Según la Tabla 2, pese a la ubicación, la extensión territorial y la población general, ambos estados presentan porcentajes similares en los rubros de índice de desarrollo humano (IDH), y en actividades económicas.

MUJERES Y MERCADO LABORAL EN TIEMPOS DE PANDEMIA

El análisis por brecha de género en el mercado laboral mexicano ha permitido mostrar que, desde antes de la pandemia, las condiciones de acceso al mercado económico en México estaban fuertemente marcadas por la desigualdad de género, en donde sólo el 44.9 % de las mujeres en edades laborales (mayores a 15 años) tenían un empleo remunerado, mientras que la participación de los hombres ascendía a 76.4 %.

Luego de la pandemia, los datos muestran una tendencia negativa debido a que el confinamiento fue una de las principales medidas para mitigar la propagación de la pandemia; así, al inicio de la pandemia se observó que sólo el 35 % de las mujeres y el 61.3 % de los hombres pudieron mantener su trabajo (INMUJERES, 2020). Históricamente se puede decir que han mejorado las cifras que muestran la participación femenina en el mercado laboral; sin embargo, aún hay aspectos a mejorar en relación con las condiciones.

De acuerdo con el Observatorio Género y COVID-19 (2020), la principal barrera para la participación femenina en el mercado laboral es el desequilibrio de labores y responsabilidades de hogar y cuidados no remunerados, pues una mujer mexicana dedica 43 horas semanales a estas actividades, lo cual en términos laborales se traduce a dos jornadas, siendo 27.6 % del PIB nacional. Además, se identifica la brecha salarial de género en todos los sectores en una diferencia en promedio de 20 %, así como la vulnerabilidad en la informalidad del trabajo, con una tasa del 54.3 %.

Otra herramienta que enfatiza este proceso, en el que las mujeres se han visto afectadas por la pandemia y han tenido que generar medios alternos de empleo que no son reconocidos, es la "Estimación de la contribución de las mujeres al PIB por el valor económico del trabajo no remunerado que realizan en los hogares" del Instituto Nacional de las Mujeres (INMUJERES), en donde este indicador, para el año 2020, es el más alto desde 2010, con un 20.20 %, cuando en 2019 se ubicó en un 16.8 %. En este mismo sentido, el indicador "Población económicamente activa (PEA) femenina de 15 años y más por grupos de edad y número de hijos nacidos vivos" deja ver que previo a 2022, el 2020 es el año en el que se incrementó el número de mujeres, siendo éste de 22 644 402. Este indicador muestra una tendencia importante con respecto a la maternidad y su vinculación con los conceptos desarrollados en esta investigación. El 75.34 % de las mujeres económicamente activas caen en el rango de edad de 15 a 49 años. Dentro de este grupo, el INMUJERES identifica cuatro cohortes generacionales en donde la tendencia es la siguiente:

1. 15-19 años: 4.9 % PEA, el 88.6 % de ellas no tienen hijos.

2. 20-29 años: 23 % PEA, el 54.8 % no tienen hijos.

3. 30-39 años: 24.2% PEA, el 50.1 % tienen de uno a dos hijos.

4. 40-49 años: 23.1 % PEA, el 40.5 % tiene de tres a cinco hijos.

El indicador de la contribución económica del trabajo no remunerado realizado por mujeres en los hogares muestra un incremento significativo en 2020, cuando se alcanzó un 20.20 % del PIB, comparado con el 16.8 % registrado en 2019. Este aumento refleja el impacto directo de la pandemia de COVID-19, que llevó a una mayor carga de trabajo doméstico y de cuidado no remunerado para las mujeres. Este crecimiento en la contribución al PIB subraya la creciente importancia del trabajo no remunerado en la economía, especialmente en tiempos de crisis.

El análisis de la PEA femenina muestra que la participación laboral de las mujeres disminuye a medida que aumentan las responsabilidades familiares, particularmente con la llegada de los hijos. Mientras que las mujeres más jóvenes (de entre 15 a 29 años) muestran una alta participación, las mujeres de 30 a 49 años, quienes son más propensas a tener hijos, experimentan una mayor carga de trabajo no remunerado, lo que podría afectar negativamente su capacidad para mantenerse en el mercado laboral.

En este sentido, la percepción femenina es la no conciliación; si bien este tema corresponde a otra investigación, aquí se deja como un precedente que refuerza el argumento de un mercado laboral y empresarial que no incluye a las mujeres ante la ausencia de condiciones que permitan la conciliación trabajo-familia (CTF).

Otro estudio analizado es la Encuesta Telefónica sobre COVID-19 y Mercado Laboral (Ecovid-Ml) (INEGI, 2020), con datos de abril a julio del 2020, que menciona que, para el caso de Colima, hay más mujeres usuarias del teléfono que hombres (abril y mayo con casi un 55 %, junio 54.4 % y julio con casi 53 %).

Para el caso de Colima se identifican tres indicadores en donde las mujeres resultaron más afectadas que los hombres por la pandemia: el de "Personas ocupadas que trabajaron desde su casa durante la contingencia", el de "Personas de 18 y más años ausentes temporales por la COVID-19 que retornarán a su actividad o negocio cuando concluya la contingencia" y el de "Trabajadores independientes ausentes temporales por la COVID-19 que retornarán a su actividad o negocio cuando concluya la contingencia". El porcentaje de mujeres en el segundo indicador se mantuvo entre 35 % y 37.95 %, lo que muestra que las mujeres colimenses fueron las que más salieron del mercado laboral debido a la pandemia.

En el indicador "Personas ocupadas que trabajaron desde su casa durante la contingencia", para abril, 55 % del total fueron mujeres, para mayo 57.32 %, en junio 54.95 %, y en julio 54.02 %. Los otros dos indicadores son "Personas de 18 y más años ausentes temporales por la COVID-19 que retornarán a su actividad o negocio cuando concluya la contingencia" y finalmente, "Trabajadores independientes ausentes temporales por la COVID-19 que retornarán a su actividad o negocio cuando concluya la contingencia". Al confirmarse que las mujeres de Colima fueron las que más salieron del mercado laboral debido a la pandemia, es necesario implementar medidas que les apoyen a enfrentar los retos que eso implica.

Durante los meses de abril a julio de 2020, se observó que las mujeres representaron la mayoría de las personas ocupadas que trabajaron desde casa durante la contingencia. En abril de ese año ocuparon el 55 % del total, aumentando a 57.32 % en mayo, y luego disminuyendo ligeramente a 54.95 % en junio y 54.02 % en julio. Estos datos indican que las mujeres, más que los hombres, tuvieron que adaptarse al trabajo remoto, lo que podría haber implicado una mayor carga de trabajo al intentar equilibrar las responsabilidades laborales y domésticas.

Sin embargo, con la información proporcionada por las encuestas del INEGI no es posible identificar si fue necesario para algunas mujeres mexicanas migrar del país debido a las presiones económicas derivadas por la pandemia. Tampoco es posible distinguir el porcentaje de mujeres y de hombres que visitan el país, al no estar los datos desagregados por sexo.

En la Encuesta Evaluación Rápida sobre el impacto de COVID-19 México, publicada en 2021 por la Entidad de las Naciones Unidas para la Igualdad de Género y el Empoderamiento de las Mujeres, ONU Mujeres e INMUJERES, se menciona que las mujeres de Puebla fueron las que más señalaron haber perdido o cerrado su negocio en el país.

Puebla es parte de la región Centro Este del país, la cual está integrada por Ciudad de México, Hidalgo, Estado de México, Morelos, Querétaro y Tlaxcala. En esta zona, un 45 % de mujeres y un 32.2 % de hombres perdieron o cerraron su empresa como resultado de la pandemia.

Colima, por su parte, está agrupada en la región Centro Occidente, con Aguascalientes, Guanajuato, Jalisco, Michoacán y Nayarit. Esta zona se encuentra en el tercer lugar de entre las seis en las que se dividió al país en referencia a la distribución porcentual de personas que perdieron su trabajo o cerraron su negocio, siendo de un 16.4 % de los hombres y de 12.3 % de las mujeres (Entidad de las Naciones Unidas para la Igualdad de Género y el Empoderamiento de las Mujeres, ONU Mujeres e Instituto Nacional de las Mujeres, INMUJERES, 2021, p. 17).

En relación con la distribución porcentual de las mujeres con dificultades para acceder a los servicios de salud materno infantil como efecto de la pandemia, la región Centro Este fue de nuevo la más afectada, con un 38.6 %, y la región Centro Occidente se posicionó en tercer lugar, con 10.6 % (Entidad de las Naciones Unidas para la Igualdad de Género y el Empoderamiento de las Mujeres, ONU Mujeres e Instituto Nacional de las Mujeres, INMUJERES, 2021, p. 29).

De acuerdo con la Organización Internacional del Trabajo, en México, desde antes de la pandemia, se apreciaba la brecha de género en lo referente a la participación económica de las mujeres, donde en 2019 la subutilización de la mano de obra era de 13.4 % para las mujeres y de 6.9 % para los varones (Feix, 2020, p. 7). Es así que otro de los aspectos en los cuales se advierten diferencias por género es el acceso al trabajo y la cantidad de empleos disponibles.

A modo de colofón de esta investigación se presenta la Figura 2, que permite simplificar el escenario de realidades femeninas en el mercado laboral a partir del concepto de cuidado y conciliación familia trabajo. De acuerdo con el análisis de esta figura se proponen seis ejes para generar equidad:

- Salud reproductiva: que requiere a acceso a métodos anticonceptivos y población usuaria.
- Prestaciones para maternar: normativa laboral y condiciones de desarrollo familiar.
- Cuidado remunerado: existencia de normativa y programas que remuneren las labores de cuidado realizadas por la población femenina.
- Maternidad remunerada: licencia de maternidad, días y porcentaje de salario íntegro.
- Educación: acceso a la educación media y media superior.
- Violencia económica: población femenina que vive este tipo de violencia.

Las ponderaciones se construyeron en una relación de 0 a 1, donde 0 es el peor escenario para cada indicador y 1 el mejor. En cada uno de los ejes se revisó la normativa federal y la estadística disponible en el INEGI, INMUJERES y Statista. En el caso de "cuidado remunerado" es un tópico ausente en la legislación. Las "prestaciones para maternar" y la "maternidad remunerada" se encuentran en la normativa federal; no obstante, hacen falta condiciones de infraestructura y legislaciones profundas en cada estado para institucionalizar estos ejes en todo el país. Por último, "salud reproductiva", "violencia económica e intrafamiliar" y "educación" son rubros que están considerados dentro de los informes del INEGI.

Figura 2. Brecha de género en el acceso a derechos en Colima, Puebla y a nivel nacional

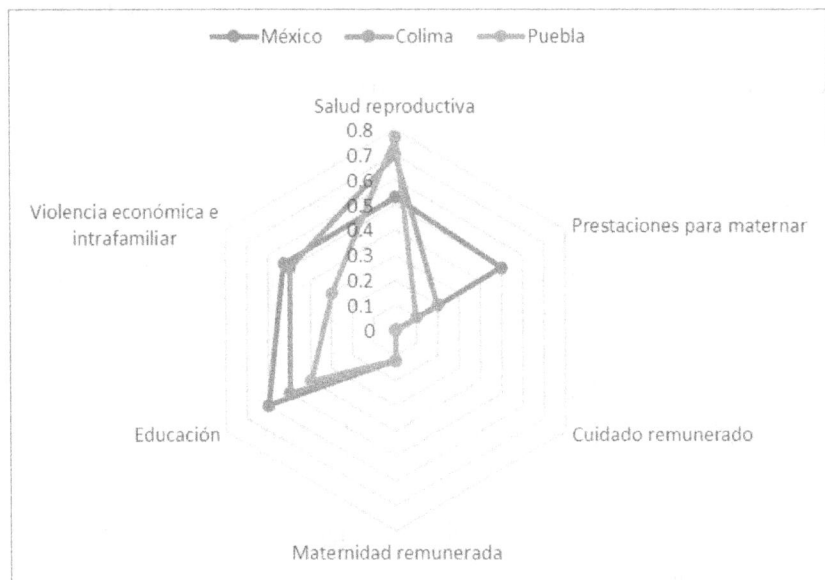

Fuente: Elaboración propia con base en INEGI (2022ª), INMUJERES (2022) y Statista (2022ᵇ).

En la Figura 2 se observan las condiciones nacionales y de cada estado. Si bien la educación y la salud reproductiva son los aspectos que más consolidación tienen, en realidad no hay una normativa vinculada con la remuneración de los cuidados. De igual manera, las prestaciones para maternar se convierten en deficientes ante los recientes cambios gubernamentales a nivel federal; por ejemplo, el número de estancias infantiles respaldadas por el gobierno son limitadas, mientras que son pocas las empresas que generan este tipo de prestaciones con sus trabajadoras. Estas lagunas llevan a limitar la CTF. Por otro lado, la violencia económica e intrafamiliar es uno de los indicadores que más se han incrementado, siendo el caso de Puebla parte de la alerta de género.

En un entorno de violencias las mujeres se ven limitadas a integrarse de manera plena al mercado laboral, así como a tener autonomía financiera para emprender, y cuando emprenden es por necesidad y no por oportunidad (Castillo-García et al., 2021). Al mismo tiempo, esta gráfica permite aterrizar el diamante de cuidado de Razavi, ya que los ejes propuestos rescatan a los actores, principalmente al Estado y al mercado, para generar la CTF.

Por lo tanto, al contrastar esta información estadística con el diamante de cuidado de Razavi y el concepto de sostenibilidad de vida frente a las condiciones materiales y simbólicas de los casos de Colima y Puebla, se observa que, más allá de los números, ambos estados presentan condiciones enraizadas que generan un desequilibrio del bienestar social de las mujeres (ver Tabla 4). La familia es el primer espacio en donde se identifican las primeras prácticas de violencia de género; es así que el constructo familiar puede determinar los factores por los que las mujeres tienen o no la oportunidad de insertarse al mercado laboral o de emprender. Respecto a la pandemia, los cuidados a personas dentro del núcleo familiar constituyen una causa importante del desplazamiento de las mujeres como población económicamente activa. Aunado a esto, la reconfiguración familiar a partir del COVID-19 representó un factor clave para las migraciones o las cadenas globales de cuidado. Por lo tanto, la posibilidad del autocuidado se convierte en un privilegio.

En el caso del Estado, como regulador y vigía, existe una ausencia de regulaciones que permitan todas las vidas que las personas quieran vivir, basado en la falta de reconocimiento del cuidado como un trabajo que debería ser remunerado.

SOBRE LA MUJER COLIMENSE Y POBLANA

En el caso de ambas entidades federativas, la Figura 2 permite ver cómo las prestaciones respecto al trabajo reproductivo y la maternidad se encuentran por debajo de la media nacional. Aunado a esto, es importante señalar la violencia física y sexual contra las mujeres, que puede detonar en feminicidios o acoso-hostigamiento que lleva al desplazamiento. En el caso de Puebla, este último factor es alarmante, ya que para el primer cuatrimestre de 2024, esta entidad se colocó en el lugar número siete de violencia contra la mujer, con 91 homicidios contra mujeres (55 por homicidio culposo y 33 por homicidio doloso). Además de 930 lesiones (776 dolosas y 154 culposas). Colima tuvo 60 homicidios dolosos y seis homicidios culposos, así como 208 lesiones dolosas y 87 culposas (Secretaría de Seguridad y Protección Ciudadana, 2024).

Respecto al mercado, se rescata la revisión estadística de los instrumentos y reportes en donde se reafirma la complejidad para que, durante la pandemia, las mujeres pudieran lograr la CTF, pues salieron de los espacios productivos, ya sea como empleadas o propietarias. Por último, las ONGs limitan su papel al de observadores y generadores de estadísticas sobre las mujeres. En este sentido, el enfoque del cuidado hacia el mercado genera esta desarticulación de las organizaciones y asociaciones civiles como actores sociales, con un mayor impacto en la reorganización del trabajo con una visión de utilidad social.

En ambos estados, la familia es identificada como el primer espacio donde se manifiestan las prácticas de violencia de género. Mientras tanto, se observa una ausencia de regulaciones efectivas que reconozcan el trabajo de cuidado como una labor que debería remunerarse. Esta falta de políticas públicas adecuadas ha perpetuado un entorno en el que las mujeres son las principales responsables del cuidado, sin recibir el apoyo necesario para equilibrar estas responsabilidades con la participación en el mercado laboral. Las prestaciones con relación al trabajo reproductivo y la maternidad en Colima y Puebla se encuentran por debajo de la media nacional, lo que contribuye a la precarización de las condiciones de vida de las mujeres en ambos estados. Sin embargo, Puebla presenta un entorno más hostil para las mujeres, con mayores tasas de violencia, lo que agrava aún más las condiciones de vida y limita las oportunidades para las mujeres en el mercado laboral.

Tabla 3. Diamante de cuidado de Razavi aplicado a Colima y Puebla

Actor social	Colima y Puebla
Familia	Violencia económica e intrafamiliar, migración, ausencia de autocuidado, cadenas globales de cuidado
Estado	No existe una remuneración del cuidado a otras personas (familiares enfermos, crianzas); parcialmente hay regulaciones efectivas enfocadas a la maternidad; violencia a mujeres en espacios públicos
Mercado	Cuidado enfocado a las necesidades del mercado limitan CTF; salida de mujeres del mercado laboral y del emprendimiento
ONG	Observadoras y generadoras de estadísticas sobre mujeres.

Fuente: Elaboración propia basado en Razavi (2007).

Migración en tiempos de COVID-19

En lo referente a la migración en tiempos de COVID-19, es necesario recordar que una de las principales medidas tomadas por varios gobiernos al inicio de la pandemia fue el cierre de las fronteras, iniciativa que en ocasiones era solicitada y apoyada por la población. En el caso de México, al principio de la pandemia la Secretaría de Salud publicaba el 28 de febrero de 2020 que se confirmaba el primer caso de coronavirus, el cual se resaltaba, era importado (Secretaría de Salud, 2020).

El INEGI publicó más de 80 estudios respecto a cómo el COVID-19 afectó diferentes sectores del país y su economía. Respecto a la movilidad internacional se pueden consultar dos encuestas de viajeros internacionales: una con cifras preliminares para abril de 2020 y la segunda, para mayo del mismo año. Las encuestas abordan el número de visitantes que ingresaron al país, donde de abril 2019 a abril 2020 se tuvo una variación anual de -72.4 % y los turistas internacionales disminuyeron en un 78.5 % con respecto al año anterior(INEGI, 2020e). En mayo de 2020 hubo un 69.3 % menos visitantes respecto al mismo mes del año anterior, y con referencia a los turistas internacionales, un 74.3 % menos en el mismo periodo (INEGI, 2020g).

Sobre la migración interna, en las bases de datos del INEGI (2022a), para este mismo año, se identifica un incremento a nivel nacional de la población urbana en un 1 %, mismo que pierde el porcentaje de la población rural. En Colima se reportó que 90 % de la población vivía en zonas urbanas, mientras que en Puebla era del 73 %, colocándose por debajo del porcentaje nacional, que es de 79 %.

Aunado a esto, la movilidad al interior de México entre 2015 y 2020 tiene las siguientes características en los casos de estudio (INEGI, 2022a):

- Colima: 28 mil personas emigraron: 37 % se mudó a Jalisco (11° lugar en IDH), 10 % a Michoacán (28° en IDH), 9 % a Baja California (3° en IDH), 4 % a Ciudad de México (1° en IDH) y 3 % Estado de México (17° en IDH). Sobre el saldo neto migratorio, Colima es un estado receptor con 1.1.

- Puebla: 152 359 personas emigraron. 15 % tuvo como destino Estado de México, 13 % Ciudad de México, 11 % Veracruz (27° en IDH), 9 % Tlaxcala (24° en IDH) y 6 % Oaxaca (31° en IDH). Este estado se considera receptor en términos de saldo neto migratorio con 0.2.

En el caso de Colima (INEGI, 2022a) se encontró que 6 209 personas migraron con un grado de intensidad media. La búsqueda de reunión familiar fue la principal causa, con un 39.8 %, seguida de búsqueda de trabajo (15.2 %) y cambios u oferta de trabajo (15.1 %). Obtuvo un índice de masculinidad de 161.En contraste, en Puebla 31 404 personas migraron, con un grado de intensidad bajo, en donde la reunificación familiar representa el 39.3 %, cambios u oferta de trabajo el 12.4 % y la búsqueda de trabajo el 11.4 %. El índice de masculinidad es de 222.8. En ambos casos se presentan como causa número dos y tres escenarios vinculados con mercado laboral.

En estos datos se identifica la diferencia entre los destinos de cada uno, que se explican con la ubicación geográfica y los núcleos urbanos cercanos. Para Colima, sus destinos son estados de desarrollo humano alto, mientras que para Puebla son dispersos, ya que incluyen a Oaxaca, que es el penúltimo lugar a nivel nacional en IDH. No obstante, esto también permite inferir que, de acuerdo con las características urbanas, económicas, de extensión territorial y demográficas, tal como se plasma en la Tabla 2, se identifican como principales destinos urbes como Guadalajara para Colima, así como la Ciudad de México y zona conurbada para Puebla.

Este contraste en los volúmenes de migración sugiere diferencias en las condiciones socioeconómicas y las oportunidades de desarrollo en cada estado. Puebla, siendo un estado más grande y con una población considerablemente mayor, muestra una mayor movilidad de su población en comparación con Colima.

El patrón de migración en Colima parece estar más orientado hacia estados con un desarrollo humano más alto, lo que podría indicar una búsqueda de mejores oportunidades económicas y de calidad de vida. En contraste, los migrantes poblanos se distribuyen entre estados con diversos niveles de desarrollo, lo que podría reflejar diferentes motivaciones, incluidas tanto la búsqueda de oportunidades laborales como factores sociales y familiares.

El análisis comparativo muestra que Colima y Puebla tienen patrones de migración muy distintos. Colima, a pesar de ser más pequeño y menos poblado, muestra una tendencia a atraer más migrantes de los que pierde, especialmente hacia estados con altos niveles de desarrollo humano. Puebla, aunque tiene un volumen de migración mucho mayor, distribuye sus migrantes entre una gama más amplia de destinos, incluyendo estados con menores niveles de desarrollo humano, y muestra una capacidad de atracción y retención de población migrante significativamente menor.

Referente a las remesas, Puebla experimentó una disminución del 12.7 % en las remesas entre 2019t2 y 2020t2, aunque fue superior al promedio nacional (-4.0 %), lo que indica que esta entidad se vio más afectada por la contracción en el envío de remesas. En lo referente a Colima, durante el mismo periodo se registró un aumento del 12.6 % en las remesas. Este crecimiento fue superior al promedio nacional, lo que sugiere que Colima fue menos afectado por la crisis o incluso se benefició de ella (Ng, 2020).

Los resultados de ambos estados muestran tendencias opuestas en el envío de remesas, lo que sugiere que los factores que influyen en los flujos migratorios y en el envío de remesas son heterogéneos. Además las diásporas poblana y colimense son diferentes en destinos, sectores de empleo y nivel de escolaridad, lo que puede explicar las respuestas tan distintas a la pandemia.

Conclusiones

Tanto en Colima como en Puebla se observa una ausencia de regulaciones efectivas que reconozcan el trabajo de cuidado como una labor que debería ser remunerada. Esta falta de políticas públicas adecuadas perpetúa un entorno en el que las mujeres son las principales responsables del cuidado, sin recibir el apoyo necesario para equilibrar estas responsabilidades con la participación en el mercado laboral.

En ambos estados, el valor económico del trabajo no remunerado realizado por las mujeres aumentó significativamente durante la pandemia, alcanzando el 20.20 % del PIB en 2020. Esto refleja cómo la pandemia intensificó la carga de cuidado no remunerado, especialmente en Colima, donde las mujeres tuvieron que adaptarse al trabajo remoto mientras gestionaban responsabilidades domésticas adicionales.

La pandemia exacerbó las desigualdades de género preexistentes en ambos estados, con impactos diferenciados en Colima y Puebla. Las mujeres en Colima enfrentaron desafíos significativos en términos de desempleo temporal y adaptación al trabajo remoto, mientras que en Puebla la violencia de género y la pérdida de empleo fueron más pronunciadas.

Contrastar el concepto de cuidado frente a los resultados para los casos de Colima y Puebla permite entender la raíz de los datos presentados de estas realidades femeninas. En este sentido, se enlista lo siguiente:

- El cuidado es una actividad arraigada en la cultura mexicana, por lo que esto genera que en un contexto de pandemia dicha actividad sea normalizada y estereotipada para las mujeres, reforzando la idea de la proveeduría desde el hombre, dejando a la mujer de oportunidad de continuar insertada en el mercado laboral.

- La normalización de los cuidados conlleva que, ante un escenario de emergencia y crisis económica como el que generó la pandemia, se motiven las cadenas globales de cuidados a partir de la migración interna y transnacional. La desigualdad previa a la pandemia y los roles asignados a las mujeres propiciaron, ante una situación de emergencia, que las mujeres se insertaran a espacios laborales, principalmente informales. Es así que las mujeres de realidades rurales son las más vulnerables en dichos ambientes y durante los procesos migratorios. Como consecuencia, otras mujeres tienen que cubrir los roles de cuidados en las familias.

- Asimismo, las encuestas dejan ver la manera en cómo las relaciones de poder son la estructura que determinan los resultados de éstas.

- Por lo tanto, la combinación pandemia/ cuidado desplaza a las mujeres de espacios políticos-jurídicos, sociales y económicos. Esto lleva a reforzar estereotipos y roles, así como a desdibujar el empoderamiento femenino.

- De igual manera, esta combinación refuerza la externalización del cuidado, agravando su crisis, no necesariamente en un escenario transnacional, sino dentro de las mismas realidades colimenses y poblanas, en donde no solo se identifica la brecha de género, sino también una fisura a partir de privilegios entre la variedad de realidades femeninas a partir de contextos de desigualdad de clase y diversidad étnica.

- Por último, desde la fundamentación del cuidado, los resultados de las encuestas y las conclusiones enlistadas permiten reforzar el argumento de que la normalización del cuidado ayuda a deslindar al Estado y a la empresa de la obligación de crear condiciones de equidad. En consecuencia, la política pública implementada durante este estado de emergencia pandémica es limitada o inexistente para reafirmar el empoderamiento femenino en espacios económicos.

De acuerdo con lo anteriormente señalado, no existen condiciones para que las mujeres puedan lograr la CTF. En este sentido, el modelo androcéntrico en el que está construida la idea de mercado laboral y trabajo, los estereotipos y la ausencia de perspectiva de género en la política pública son aspectos que ya se encontraban previos a la pandemia; no obstante, con el COVID-19 las realidades femeninas se agravaron y permitieron ver que para la lograr la CTF se requieren los siguientes aspectos:

- Dejar de ver la perspectiva de género como una búsqueda de igualdad y, más bien, concebirla como equidad. Esto, porque insertar como objetivo la equidad como eje de política pública permite ir a la raíz de la desigualdad. De modo contrario, las incipientes medidas desde la esfera pública bajo la lógica de la igualdad de género sólo llevarán a una mayor brecha de género.

- A modo de continuación, esta perspectiva también debe insertarse en la iniciativa privada. Si bien encontramos a la responsabilidad social empresarial y corporativa como una especie de humanitarismo dentro del modelo capitalista heteropatriarcal, es imperante visibilizar las desigualdades dentro de las condiciones de inserción laboral y los aspectos contractuales, en donde existe una variedad de necesidades de acuerdo con el grado de precariedad laboral. En este sentido, es también una corresponsabilidad de la empresa o de la persona empleadora, junto con el Estado, crear estas condiciones de equidad. De esta manera, desde Razavi, se logra un mayor equilibrio entre los actores dentro del cuidado.

- Los dos puntos anteriores llevan a la reflexión de que, si bien la pandemia formalizó a nivel global nuevos modelos de trabajo, estos cambios de paradigmas laborales deben estar también alineados a la perspectiva de género a partir de la relación del cuidado con la CTF.

Finalmente, cabe resaltar que la documentación a través de los bancos de datos estadísticos no permite visibilizar a la mujer y a sus emprendimientos a raíz de la pandemia, lo cual impacta también en lo referente a la migración. Es decir, en el alcance de este trabajo la falta de datos oficiales limita el análisis para poder vincular los efectos de la pandemia en el mercado laboral y los cuidados con la migración.

Con la información presentada, se deduce que la principal causa de migración es por motivos familiares, vinculada con los roles de género y el tema de cuidados. Los otros dos motivos son parte de los efectos de la pérdida de trabajos en los lugares de origen, lo que conlleva la migración en búsqueda de una mejor calidad de vida. Referente a la migración interna, solo se cuenta con la información de Sobrino, que identifica esta tendencia de concentración de migración en grandes centros urbanos.

Uno de los puntos centrales de esta investigación es enfatizar en el desarrollo de instrumentos estadísticos que ayuden a identificar la interseccionalidad respecto a las formas en las que las mujeres fueron desplazadas del mercado laboral pandémico, como es el caso de las encuestas analizadas, ya que esto permite visibilizar la brecha de género que se incrementa en condiciones de emergencia global, como lo ha sido la pandemia de COVID-19.

Bibliografía

Araújo, E., Castañeda-Rentería, L. I., Silva, M., & Figueiredo, S. (2021). *Time is Flying: Discussing Time in Academia and Science after Covid-19. Proceedings of the 4th International Conference on Gender Research*, 27–34. https://doi.org/10.34190/IGR.21.075

Contreras-Soto, R. (2007). "Motivos de migración (reflexiones sobre el género femenino)" en Durán González, A. *Memoria: Mujeres afectadas por el fenómeno migratorio en México. Una aproximación desde la perspectiva de género*. Instituto Nacional de la Mujeres. 24-34.

Curiel, O. (2014). "Construyendo metodologías feministas desde el feminismo decolonial" en Irantzu Mendia Azkue y Barbara Biglia (comp.). *Otras formas de (re)conocer: reflexiones, herramientas y aplicaciones desde la investigación feminista*. Hegoa, 21-44.

Duran Vila, N. I. (2020). "El Teletrabajo y la conciliación con el entorno de convivencia familiar durante la Pandemia COVID-19". *Revista de Investigación Psicológica*, ESPECIAL, 68–72.

Entidad de las Naciones Unidas para la Igualdad de Género y el Empoderamiento de las Mujeres, ONU Mujeres, & Instituto Nacional de las Mujeres, INMUJERES. (2021). *Encuesta Evaluación Rápida sobre el impacto de COVID-19 México. Informe de Resultados*. http://cedoc.inmujeres.gob.mx/documentos_download/ENERICOV_2020_In forme_Espan%C3%9Eol_VF.pdf

Ezquerra, S. (2008). "Hacia un análisis interseccional de la regulación de las migraciones: la convergencia de género, raza y clase social" en *Retos epistemológicos de las migraciones transnacionales* (pp. 237-260). Anthropos.

Feix, N. (Ed.). (2020). *México y la crisis de la COVID-19 en el mundo del trabajo: Respuestas y desafíos.* Organización Internacional del Trabajo. https://www.ilo.org/wcmsp5/groups/public/---americas/---ro-lima/---ilo-mexico/documents/publication/wcms_757364.pdf

Franzoni, J. M. (2022). "Cuidados: Entre la ola feminista y la austeridad". *Nueva Sociedad,* (302), 62-70.

Esteban, M. (2017). "Los cuidados, un concepto central en la teoría feminista: aportaciones, riesgos y diálogos con la antropología". *Quaderns-e,* 22(2), p. 33-48.

Esteban, M. y Otxoa, I. (2010). "El debate feminista en torno al concepto de cuidados". *CIP-Ecosocial – Boletín ECOS* (10), enero-marzo 2010. https://www.fuhem.es/media/ecosocial/File/Boletin%20ECOS/Boletin%2010/DIALOGO%20Esteban-Otxoa.pdf

Fisher, B., y Tronto, J. (1990). "Toward a feminist theory of caring". *Circles of care: Work and identity in women's lives,* 35-62.

García, M. S. A. (2020). "Mujeres, trabajo de cuidados y sobreexplotación desigualdades de género en México durante la pandemia por COVID-19". *Espacio I+ D: Innovación más Desarrollo,* 9(25).

Guelman, A., Palumbo, M., & Lezcano, M. (2021). "Contextos y ámbitos del trabajo comunitario de cuidados. Estudios Del Trabajo". *Revista De La Asociación Argentina De Especialistas En Estudios Del Trabajo (ASET),* (62). https://ojs.aset.org.ar/revista/article/view/104

Global Data Lab. (2022). *Subnational HDI.* https://globaldatalab.org/shdi/shdi/MEX/ (consultado el 08 de agosto de 2022).

Gordon, S. F. (2021). "Mujeres, trabajo doméstico y COVID-19: Explorando el incremento en la desigualdad de género causada por la COVID-19". *Psicología Iberoamericana,* 29(1).

INEGI. (2020a). *Encuesta Telefónica sobre COVID-19 y Mercado Laboral (ECOVID-ML).* Disponible: https://www.inegi.org.mx/investiga

cion/ecovidml/2020/ (consultado el 08 de agosto de 2022)

_____. (2020b). *Encuesta Telefónica sobre COVID19 y Mercado Laboral 2020 ECOVID-ML* Segunda edición, Diseño Conceptual. Disponible: https://www.inegi.org.mx/contenidos/investigacion/ecovidml /2020/doc/ecovid_ml_diseno_conceptual.pdf (consultado el 08 de agosto de 2022)

_____. (2020c). *Encuesta Telefónica sobre COVID19 y Mercado Laboral 2020 ECOVID-ML* Segunda edición, Diseño Muestral. Disponible: https://www.inegi.org.mx/contenidos/investigacion/ecovidml /2020/doc/ecovid_ml_diseno_muestral.pdf (consultado el 08 de agosto de 2022)

_____. (2020d). *Estudio sobre la Demografía de los Negocios 2020.* https://www.inegi.org.mx/contenidos/productos/prod_serv /contenidos/espanol/bvinegi/productos/nueva_estruc/70 2825197421.pdf (consultado el 08 de agosto de 2022)

_____. (2020e). *Encuestas de viajeros internacionales.* Cifras preliminares durante abril de 2020 [Gubernamental].

_____. (2020f). *Perspectiva en cifras COVID-19.* https://www.inegi. org.mx/contenidos/saladeprensa/notasinformativas/2020/ViajIn ternales/ViajInternales2020_06.pdf

_____. (2020g). *Encuestas de viajeros internacionales. Cifras preliminares durante mayo de 2020.* [Gubernamental]. INEGI. Perspectiva en cifras COVID-19. https://www.inegi.org.mx/contenidos/saladepren sa/notasinformativas/2020/ViajInternales/ViajInternales2020_07. pdf

_____. (2021). Comunicado de Prensa Núm 183/21. https://www. inegi.org.mx/contenidos/saladeprensa/boletines/2021/EDN/ EDN_2021.pdf (consultado el 08 de agosto de 2022).

_____. (2022a). *Cuéntame de México.* https://cuentame.inegi.org.mx/ default.aspx (consultado el 08 de agosto de 2022).

_____. (2022b). Demografía de los Negocios (DN) 2019—2021 [Gubernamental]. INEGI. https://www.inegi.org.mx/programas/ dn/2021/

INMUJERES. (2020). *Las mujeres y el trabajo en el contexto de la pandemia en México. Desigualdad en Cifras.* http://cedoc.inmujeres.gob.mx/documentos_download/BA6N12.pdf

_____. (2021). *Las mexicanas y la migración internacional. Desigualdad en Cifras.* http://cedoc.inmujeres.gob.mx/documentos_download/BA7N08%20_FINAL%20publicado.pdf

_____. (2022). *Sistema de indicadores de género.* estadistica-sig.inmujeres.gob.mx (consultado el 16 de agosto de 2022)

Herrera, G. (2003). "La migración vista desde el lugar de origen". *Revista Iconos*, 15, 86–94. http://hdl.handle.net/10469/2160

Hirata, H. y Guimarães, N.A. (2012). *Cuidado e Cuidadoras: as várias faces do trabalho do care São Paulo.* Editora Atlas.

Lafede.cat. (2018). *Perspectiva feminista y ética del cuidado: guía de autodiagnosis para organizaciones.* L'Apòstrof, SCCL.

Martínez -Espínola, M. V., & Delmonte Allasia, D. (2022). "Feminismos, interseccionalidad y cuidados. Reflexiones a partir de experiencias de mujeres venezolanas en la Argentina actual. PACHA". *Revista de Estudios Contemporáneos del Sur Global*, 3(9), e210153.

Meza-de-Luna, M. E., Conde Morelos Zaragoza, T. M., & Meza-de-Luna, L. (2022). "Conciliación trabajo-familia con y sin niños y niñas, durante el confinamiento por COVID-19 en México. Psicoperspectivas". *Individuo y Sociedad*, 21(2). https://doi.org/10.5027/psicoperspectivas-Vol21-Issue2-fulltext-2467

Molinier, P. y Legarreta, M. (2016). "Subjetividad y materialidad del cuidado: ética, trabajo y proyecto político", *Papeles del CEIC*, 1, p. 1-14.

Ng, J. J. L. (2020). *México Remesas en tiempos del Covid-19: Hipótesis y efectos diferenciados por región. Observatorio*, 1. https://www.bbvaresearch.com/wp-content/uploads/2020/08/RemesasTiemposCovid19.pdf

Observatorio Género y COVID-19. (2020). *Nosotras en la pandemia: entre datos y experiencia.* https://observatoriogeneroycovid19.mx/nosotras-en-la-pandemia/

Oehmichen, C. (1999). "La relación etnia-género en la migración feme-nina rural-urbana: mazahuas en la ciudad de México. Iztapalapa". *Revista de Ciencias Sociales y Humanidades*, 20(45), 107-132.

Organización Internacional para las Migraciones. (2022). *Perfil migrato-rio de México*. Boletín Anual 2022. https://mexico.iom.int/sites/g/files/tmzbdl1686/files/documents/2023-03/Perfil%20Migrato rio-%20Boletin%20Anual%202022%20%283%29.pdf

ONU Mujeres. (2016). *Redistribuir el trabajo no remunerado.* https://www.unwomen.org/es/news/in-focus/csw61/redistribute-unpaid-work

Pascual Sánchez, A. (2021). *Género, migración y cuidados. El aumento de su precariedad a raíz de la COVID-19*. Universitat de les Illes Balears. https://dspace.uib.es/xmlui/handle/11201/156468

Programa de las Naciones Unidas para el Desarrollo, ONU Mujeres, & Organización para la Cooperación y el Desarrollo Económico. (s/f). *COVID-19 Global Gender Response Tracker*. UNDP Data Futures Pla-tform. Recuperado el 30 de abril de 2023, de https://data.undp.org/gendertracker/

Quiroga Diaz, N. (2011). "Economía del cuidado. Reflexiones para un feminismo decolonial". *Revista Casa de la Mujer*, 20(2), 97-116.

Ramos, J., & Gómez, A. (2020). "¿Por qué los retos de la conciliación en tiempos de COVID-19 son todavía mayores para las mujeres?" *CO-VID19: IvieExpress*, 16, 1–10.

Razavi, S. (2007). "The Political and Social Economy of Care in a Deve-lopment Context. Programme on Gender and Development", *Paper* No. 3, UNRISD, Geneva.

Román Reyes, R. P., & Sosa Márquez, M. V. (2022). "Los procesos mi-gratorios antes de COVID-19: La migración femenina en el contex-to latinoamericano". *Migración y Salud / Migration and Health*, 4(4). http://ri.uaemex.mx/handle/20.500.11799/137557

Secretaría de Salud. (2020, febrero 28). 077. *Se confirma en México caso importado de coronavirus COVID- 19* [Gubernamental]. gob.mx. http://www.gob.mx/salud/prensa/077-se-confirma-en-mexico-ca so-importado-de-coronavirus-covid-19

Secretaría de Seguridad y Protección Ciudadana. (2024). *Información sobre violencia contra las mujeres.* https://drive.google.com/file/d/1t b9XSrv8v9XHw9t9H5tElbu4i-KIutWC/view

Statista. (2022a). *Porcentaje de usuarios de teléfonos celulares sobre la población en México de 2015 a 2020.* Disponible: https://es.statista.com/ estadisticas/1092097/tasa-penetracion-telefonos-celularesmexico/ (consultado el 08 de agosto de 2022)

Statista. (2022b). *¿Qué países garantizan una licencia de maternidad remunerada?* https://es.statista.com/grafico/27370/duracion-de-la-licen cia-de-maternidad-remunerada/ (consultado el 16 de agosto de 2022)

Sobrino, J. [El Colegio de México A.C.]. (2022, Diciembre 7). Migración interna en México: ciudades de destino [Video]. YouTube. https:// youtu.be/Ehgp75y_5Ks?si=dnY41cGaXCSKhqQp

Spigno, I. (2021). "La difícil inclusión de la perspectiva de género en la protección de las mujeres migrantes en América Latina". *AG About Gender-International Journal of Gender Studies,* 10(20). https://rivis te.unige.it/index.php/aboutgender/article/view/1332

Valenzuela, M. E., Scuro Somma, L., & Vaca-Trigo, I. (2020). *Desigualdad, crisis de los cuidados y migración del trabajo doméstico remunerado en América Latina.* Comisión Económica para América Latina y el Caribe (CEPAL). https://repositorio.cepal.org/handle/11362/46537

Vallejo, B., Prado-Meza, C., & Castellanos Villarruel, Ma. S. (2022). "Undergraduate Women in Economic/Administrative Sciences in Mexico. Analyzing the impact of Educational Strategies for COVID-19 on the gender gap" en *Tópicos de Educación, Desigualdades Sociales y Poblaciones Vulnerables* (1a ed., pp. 219–238). Universidad Autónoma de Zacatecas "Francisco García Salinas".

Velázquez Gallardo, A., Prado-Meza, C.M., Haro-Navejas, F. J., & Vallejo-Jiménez, B. (2022). "Percepciones de los docentes en el proceso educativo universitario durante la pandemia por el covid-19, de cara a una mejor gobernanza de las universidades" en O. Leyva Cordero (Ed.), *Desafíos de la gobernanza universitaria en tiempos de COVID-19* (1a ed., 1, 78–103). Tirant lo Blanch. https://editorial.tirant. com/mex/libro/desafios-de-la-gobernanza-universitaria-en-tiem pos-de-covid-19-oswaldo-leyva-cordero-9788419286505

Verdiales López, D. M. (2021). "La mujer: pieza clave en el desarrollo sostenible. Estrategias contenidas en la Agenda 2030". *Espiral*, 28(82), 145-171. Recuperado en 10 de agosto de 2022, de http://www.scielo.org.mx/scielo.php?script=sci_arttext&pid=S1665 05652021000300145&lng=es&tlng=es

De los autores

Mirza Aguilar Pérez. Doctora en Ciencias Sociales por la Universidad Autónoma Metropolitana, Unidad Xochimilco, Ciudad de México, México. Profesora-investigadora en la Facultad de Ciencias Políticas y Sociales de la Benemérita Universidad Autónoma de Puebla, México. Miembro del Sistema Nacional de Investigadoras e Investigadores de SECITHI antes CONAHCYT, Nivel I.

Mónica Guadalupe Chávez Elorza. Doctora en Política Pública por la Escuela de Gobierno y Política Pública del Tecnológico de Monterrey, Nuevo León, México. Profesora-investigadora de la Unidad Académica de Estudios del Desarrollo de la Universidad Autónoma de Zacatecas, México. Miembro del Sistema Nacional de Investigadoras e Investigadores de SECITHI antes CONAHCYT, Nivel I.

Cristina Cruz Carvajal. Doctora en Sociología por la Benemérita Universidad Autónoma de Puebla, México. Profesora-investigadora en la Facultad de Ciencias Políticas y Sociales de la Benemérita Universidad Autónoma de Puebla, México. Miembro del Sistema Nacional de Investigadoras e Investigadores de SECITHI antes CONAHCYT, Nivel I.

Jazmín García Gómez. Doctora en Ciencias Sociales con Especialidad en Estudios Regionales por El Colegio de la Frontera Norte, Tijuana, Baja California, México. Profesora-investigadora en la Facultad de Ciencias Políticas y Sociales de la Benemérita Universidad Autónoma de Puebla, México. Miembro del Sistema Nacional de Investigadoras e Investigadores de SECITHI antes CONAHCYT, Nivel I.

Raquel Isamara León de la Rosa. Doctora en Relaciones Transpacíficas por la Universidad de Colima, México. Profesora- investigadora de la Facultad de Administración de la Benemérita Universidad Autónoma de Puebla, México. Miembro del Sistema Nacional de Investigadoras e Investigadores de SECITHI antes CONAHCYT, Nivel I.

Luis Manuel Miramontes Cabrera. Doctor en Historia por la Universidad Autónoma de Zacatecas, México. Profesor-investigador del Centro de Estudios Científicos y Tecnológicos No.18 "Zacatecas" del Instituto Politécnico Nacional.

ADRIANA SLETZA ORTEGA RAMÍREZ. Doctora en Ciencias Políticas y Sociales con orientación en Relaciones Internacionales por la Universidad Nacional Autónoma de México. Profesora-investigadora en la Facultad de Ciencias Políticas y Sociales de la Benemérita Universidad Autónoma de Puebla, México. Miembro del Sistema Nacional de Investigadoras e Investigadores de SECITHI antes CONAHCYT, Nivel I.

MARISOL PÉREZ DÍAZ. Doctora en Sociología por el Instituto de Ciencias Sociales y Humanidades de la Benemérita Universidad Autónoma de Puebla, México. Profesora-investigadora en la Facultad de Ciencias Políticas y Sociales de la Benemérita Universidad Autónoma de Puebla, México. Miembro del Sistema Nacional de Investigadoras e Investigadores de SECITHI antes CONAHCYT, Nivel I.

CLAUDIA MARCELA PRADO-MEZA. Doctora en Agricultura Sostenible con especialidad en Justicia Social en Educación Superior por la Universidad Estatal de Iowa, Estados Unidos. Profesora-investigadora de la Facultad de Economía de la Universidad de Colima, México. Miembro del Sistema Nacional de Investigadoras e Investigadores de SECITHI antes CONAHCYT, Nivel I.

PEDRO MANUEL RODRÍGUEZ SUÁREZ. Doctor en Estudios de Integración Europea por la Universidad de Varsovia, Polonia. Profesor-investigador en la Facultad de Ciencias Políticas y Sociales de la Benemérita Universidad Autónoma de Puebla, México. Miembro del Sistema Nacional de Investigadoras e Investigadores de SECITHI antes CONAHCYT, Nivel I.

MÓNICA PATRICIA TOLEDO GONZÁLEZ. Doctora en Antropología por el Centro de Investigaciones y Estudios Superiores en Antropología Sociales, Ciudad de México, México. Profesora-investigadora en el Centro de Estudios Transfronterizos de El Colegio de Sonora, México. Miembro del Sistema Nacional de Investigadoras e Investigadores de SECITHI antes CONAHCYT, Nivel I.

DANIEL VEGA MACÍAS. Doctor en Migraciones Internacionales e Integración Social por la Universidad Complutense de Madrid, España. Profesor-investigador del Departamento de Estudios Culturales, Demográficos y Políticos en la Universidad de Guanajuato, México. Miembro del Sistema Nacional de Investigadoras e Investigadores de SECITHI antes CONAHCYT, Nivel I.

Títulos Destacados en Español de Westphalia Press

Una brújula para la crisis: México: Lecciones derivadas del COVID-19
Daniel Tapia Quintana, Compilador

La pandemia COVID-19 ha implicado grandes cambios para las sociedades y los países a nivel mundial. México no ha sido la excepción. Los desafíos que tendrá que enfrentar son múltiples y complejos.

Contra-amor, poliamor, relaciones abiertas y sexo casual: Reflexiones de lesbianas del Abya Yala
Norma Mogrovejo, Compilador

Desde la voz, pensamiento y experiencias de lesbianas contra amorosas y poliamorosas, Norma Mogrovejo reflexiona sobre la insurgencia a normas que controlan y privatizan el cuerpo y la sexualidad de las mujeres.

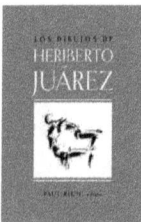

Los Dibujos de Heriberto Juarez
Paul J. Rich, Editor

Que los dibujos sean de la vida en Mexico no es sorprendente porque Juarez esta con stante y a veces traviesamente poniendo arte en la vida y obteniendo arte de la vida. No piensa que el arte sea algo que se produzca solamente en un estudio, o para tal caso, que deba ser mantenido en un museo y visto los domingos.

Mexico y sus luchas internas: resena sintetica de los movimientos revolucionarios de 1910 a 1920
por Luis F. Seoane

La decada de 1910 a 1920 es un periodo de increible agitacion politica conocido como la Revolucion Mexicana. En 1911, Porfirio Diaz, quien habia sido Presidente de Mexico por 35 anos, fue quitado finalmente del poder.

Mexico en 1554
por Francisco Cervantes De Salazar
con un prefacio de Guillermo De Los Reyes

La presente edición, quizás la primera que se publica en este siglo, tiene como objetivo revisitar un clásico de suma importancia del periodo colonial novohispano: México en 1554 de Francisco Cervantes de Salazar.

Los BRICS y el Discurso del Nacionalismo en el Siglo XXI
Myrna Rodriguez Anuez, Luis Ochoa Bilbao, and Marisa Pineau, Editors

En el siglo XXI el nacionalismo sigue latiendo con fuerza y se expresa de multiples formas ya sea en los sentimientos sociales aparentemente compartido como en las retoricas literarias, las expresiones artisticas, el marketing turistico y en los proyectos politicos.

Del sexilio al matrimonio: Ciudadanía sexual en la era del consumo neoliberal
por Norma Mogrovejo

Del estudio del sexilio a la crítica de la familia lésbica, Norma Mogrovejo sigue la pista sutil de la infiltración capitalista en la vida de las personas.

Mexico En Marcha
by Manuel Eduardo Hubner

Los que juzgan el movimiento social y político de México a través de las doctrinas recientes se encuentran generalmente con dificultades teóricas insalvables. No saben que los fenómenos característicos de la revolución fueron ya los motivos determinantes de las luchas por la emancipación a comienzos del siglo XIX.

westphaliapress.org